진중권의 철학 매뉴얼
아이콘

진중권의 철학 매뉴얼

# ICON

아이콘

21
씨네북스

머리말

# 아이콘

이 책은 잡지 씨네21에 '진중권의 아이콘'이라는 제목으로 연재됐던 글들을 묶은 것이다. 제목 속의 '아이콘'은 시대를 대표하는 상징이 아니라, 컴퓨터의 전원을 넣으면 윈도우와 함께 화면에 주르르 올라오는 도상적 기호들을 가리킨다. 윈도우의 '아이콘'은 문자숫자 코드로 된 명령어의 시각적 압축이다. 도스 시절에는 곧바로 화면 위에 명령어를 입력해야 했으나, 언제부턴가 컴퓨터가 수행하는 작업이 복잡해져 더 이상 문자숫자를 타이핑하는 원시적 방식으로는 컴퓨터에 명령을 내리는 일을 감당할 수 없게 되었다. 그 문제를 해결해준 것이 바로 아이콘이다.

철학에서 그와 비슷한 기능을 하는 것이 있다면, 바로 '개념'이 아닐까? 아이콘이 복잡한 명령어의 시각적 압축이듯, 개념은 복잡하기 그지없는 철학적 사유의 시각적 은유라고 할 수 있다. 아이콘 덕분에 굳이 컴퓨터를 몰라도 그것을 자신의 목적에 맞게 사용할 수 있듯이, 철학적 개념들을 알아두면 굳이 철학에 관한 전문적인 지식 없이도 자신의 관심사에 관해 철학적 수준에 맞먹는 깊은 사유를 할 수 있게 된다. 이 책의 목표도 거기에 있다. 결국 이 책은 철학이라는 운영체계의 아이콘, 즉 개념들의 용법을 다룬 일종의 매뉴얼이라 할 수 있다.

오늘날 철학이 '진리'를 탐구한다고 말하기는 어려워졌다. 그 어떤 철학적 명제를 취하든 간에, 우리는 그 맞은편에 그와 동일한 논리적 자격을 갖춘 반대명제가 존재함을 안다. 가령 실재론/관념론, 상대주의/절대주의 등 철학의 대표적인 반대명제들을 생각해보라. 대립되는 두 견해 중 어느 것이 더 옳은지 따지는 것은 무의미하다. 두 명제 모두 나름의 장점과 한계를 갖고 있기 때문이다. '진리'의 위기랄까? 특히 1980년대 이후 '탈근대'의 흐름이 휩쓸고 지나간 후로는 지성계에서 객관적, 보편적, 절대적 진리에 관해 얘기하는 목소리를 듣기란 더욱 힘들어졌다.

오늘날 철학은 세계의 '기술description'이 아니라, 그저 세계의 '해석interpretation'으로 여겨진다. 책은 우리에게 '세계'보다는 '저자'에 대해 알려준다. 책을 읽고 우리가 알 수 있는 것은 세계 자체가 아니라, 그것을 바라보는 저자의 생각이다. 철학자들이 제공해주는 것은 세계의 객관적 진리가 아니라, 세계를 보는 다양한 관점이다. 이렇게 '진리'가 의심받는 시대에 철학은 차라리 예술에 가까워진다. 그리하여 오늘날 우리가 철학에서 기대하는 것은 더 이상 세계의 올바른 기술이 아니라, 세계의 참신한 해석이다. 이것이 니체가 말한 관점주의perspectivism다.

오늘날 철학적 진리는 예술적 진리에 가까워졌다. 들뢰즈에 따르면, 철학의 임무는 "개념을 발명"하는 데에 있다. 새로운 개념은 세계를 새로운 눈으로 보게 해준다. 세계를 열어 보여주는 것開示은 전통적으로 예술의 임무였다. 오늘날에는 철학이 세계를 열어서 보여주려 한다. 그 일은 물론 개념의 발명을 통해 이루어진다. 예술작품이 작가의 개성을 보여주듯이, 개념은 그것을 발명한 철학자의 인격이 된다. 이를 들뢰즈는 '개념-인격'이라 부른다. 가령 예술에 뒤샹-레디메이드가 있다면, 철학에는 헤겔-절대정신, 마르크스-프롤레타리아, 프로이트-무의식이 있다.

영화관에서 아이들은 종종 영화를 온몸에 뒤집어쓰고 나온다. 가령 〈스파이더맨〉을 보고 나온 아이들은 영화관을 나와서도 거미인간처럼 두 손바닥을 벽에 대고 거기에 들러붙으려 한다. 성인들이라고 다르겠는가? 가끔은 책을 읽은 감동이 너무 진하여 책을 덮고도 여전히 철학을 뒤집어쓰고 있는 사람들이 있다. 다시 말하지만, 철학은 세계가 아니라, 그것의 해석일 뿐이다. 특정한 철학에 대한 존경이 지나쳐 그것을 거의 숭배의 대상으로 삼는 이들을 흔히 본다. 하지만 철학은 우상이 아니다. 그것은 세계를 해석하는 데에 쓰이는 개념들의 도구상자에 불과하다.

비트겐슈타인은 "낱말의 의미는 사용에 있다"고 말했다. 개념도 낱말이기에 그것의 의미 역시 사용에 있을 것이다. 철학의 개념은 사태를 정교하게 들여다볼 수 있게 해주는 확대경이라 할 수 있다. 유감스럽게도 철학을 한답시고 확대경을 닦는 데에 전념하는 사람들이 있다. 그들은 매끄럽게 닦여 타인의 앞에 놓인 자신의 고성능 렌즈에 도취되곤 한다. 그들이 망각해버린 것은 그 확대경으로 사물을 들여다보는 일이다. 아무리 훌륭한 렌즈라 하더라도 뭔가를 들여다보는 데에 사용하지 않는다면, 결국 남에게 자랑하는 데에 소용되는 값비싼 수집품일 뿐이다.

이 책에서 소개하는 개념들은 한때 내게 깊은 인상을 남겼던 것들이다. 그것들이 내게 인상을 남겼다 함은, 그것들이 현상을 새로운 시각에서 바라보게 해주었음을 의미한다. 문제는 개념에 대한 설명이 아니다. 이보다 더 훌륭한 정의를 다른 책에서도 얼마든지 찾아볼 수 있기 때문이다. 그보다 중요한 것은 그 개념들을 현실의 구체적 맥락 속에서 어떻게 사용하느냐 하는 것이다. 이 책의 목적은 언어학적인 것이다. 철학의 도구와 연장을 일상언어로 끌어들이는 것은 아직 투박하기 짝이 없는 우리말을 지금보다 더 정교하고, 풍부하게 만드는 길이라 믿는다.

이 책에서 표명한 나의 주관적 견해나 주장들은 고스란히 잊어도 좋다. 그것들은 개념들의 사용법을 보여주기 위해 선택한 범례에 불과하기 때문이다. 이 책이 이른바 '인식의 효소fermanta cognitionis', 말하자면 독자들의 머릿속에 들어가 그 속에서 새로운 생각을 숙성시키는 효모가 되었으면 한다.

2011년 여름

진중권

차례

## 4
## 정체성과 차이



## 5
## 시뮬라크르



## 6
## 정치신학

# 1

# 파타피직스 입문

메타학문의 머리 위에 올라앉아
그것을 굽어보는 최고의 학문이 있으니,
그것이 바로 파타피직스다.

파타피직스pataphysics

파타포pataphor

광우folie

# 이상한 나라의 형이상학

pataphysics

온갖 우스꽝스러운
부조리로 가득찬
사이비 철학

'파타피직스pataphysics'. 20세기 중반 유럽의 지성계를 풍미하던 신학문으로, 이 용어의 창시자는 프랑스의 극작가 알프레드 자리Alfred Jarry(1873-1907)다. 예민한 어감의 소유자라면 '파타피직스'가 '메타피직스metaphysics'의 패러디임을 알아차렸을 것이다. 메타피직스를 흔히 '형이상학形以上學'으로 옮기나, 사실 '메타meta'는 '이후'라는 뜻. 그리스어에서 '이상'을 가리키는 것은 '파타pata'다. 따라서 곧이곧대로 말하자면, 파타피직스야말로 진짜(?) 형이상학인 셈이다.

'형이상학'은 감각세계 너머의 초월적 세계를 탐구한다. 즉 그것은 (물리학, 생물학, 화학 등) 감각세계를 탐구하는 학문들의 위에 서 있다. 학문들 중의 학문을 자처하는 이 메타학문의 머리 위에 올라앉아 그것을 굽어보는 최고의 학문이 있으니, 그것이 바로 파타피직스다. 한마디로 파타피직스는 형이상학 위의 학문, 즉 초超형이상학이라 할 수 있다. 메타피직스가 과학적 증명의 의무에서 자유롭다면, 파타피직스는 형이상학을 구속하는 논리학마저 초월한다. 대체 무슨 학문일까?

이미 짐작했겠지만, 파타피직스는 온갖 우스꽝스러운 부조리로 가득 찬 사이비 철학(혹은 과학)을 가리킨다. 파타피직스는 1948년 프랑스에서 '파타피직스 학회'가 만들어지면서 영향력을 발휘하기 시작했다. 호앙 미로와 마르셀 뒤샹, 외젠 이오네스코와 장 주네 같은 예술가들이 이 학회의 초기 멤버였으며, 철학자 장 보드리야르도 인생의 한동안 자신을 파타피지션pataphysician으로 간주했다고 한다. 소설에 사이비 인용을 이용하는 움베르토 에코 역시 대표적인 파타피지션 중의 한 사람이다.

파타피직스는 과학적 연구라기보다는 예술적 유희에 가깝다. 미로와 뒤샹의 참여에서 알 수 있듯이, 그것은 다다이즘이 연출하던 부조리와 무의미 미학을 닮았다. 그것은 어쩌면 철학과 과학 영역에서의 다다이스트 퍼포먼스인지도 모른다. 우리 일상에서도 파타피직스에 근접한 예를 볼 수 있다. 가령 인터넷 유머 '코끼리를 냉장고에 넣는 법'을 생각해보라. 이 유머에 따르면 이 세상에 존재하는 모든 학문은 코끼리를 냉장고에 넣는 자기만의 방법을 갖고 있다고 한다. 먼저 전산학의 방법.

"'코끼리'를 low pass filter에 통과시킨다. 그럼 '고기리'가 나온다. '고기리'에 circular right shift 연산을 한다. 그럼 '리고기'가 된다. '리고기'를 증폭비 5인 Non-invert OP-Amp 회로에 통과시킨다. 그러면 5·리고기'가 된다. 이제 오리고기를 냉장고에 넣는다."

이어 양자역학의 방법.

"코끼리를 이루는 입자를 두 개씩 짝짓는다. 스핀이 1/2의 정수배인 페르미온은 한 공간에 둘씩밖에 못 들어가지만, 스핀이 정수배인 보존은 한 공간에 무한히 들어갈 수 있다. 즉, 모든 페르미온을 둘씩 짝지어 정수배 스핀으로 만든 뒤 한 장소로 모아 냉장고에 넣으면 된다."

파타피직스는 물론 이 가벼운 농담보다는 훨씬 더 진지하다. 하지만 심령학이나 UFO학 같은 '파라사이언스parascience'보다는 훨씬 덜 진지하다. 가령 심령학이나 UFO의 연구자들은 유령이나 UFO의 존재를 믿거나, 혹은 적어도 남에게 믿게 하려 애쓴다. 하지만 파타피지션은 자신의 이론을 스스로도 믿지 않고, 남이 자기의 이론을 믿어주기를 기대하지도 않는다. 그러나 적어도 연구의 태도나 논증의 방식만큼은 정상과학의 그것만큼이나 진지하고 엄밀하고자 한다.

이그노벨Ig-Nobel상은 어떨까? '비천한'이라는 뜻을 가진 이 상은 가령, 인도에 사는 모든 코끼리 피부의 표면적 계산, 개벼룩이 고양이벼룩보다 더 높이 뛰는 이유의 고찰 등, '다시 할 수도, 다시 해서도 안 되는 연구'에 주어진다. 2010년 생물학 분야의 수상작은 동굴 박쥐의 구강성교에 대한 연구. 하지만 비록 괴팍해도 이 연구들은 어디까지나 과학에 속하고, 당사자들도 자신들의 연구를 꽤 진지하게 여긴다. 심지어 이그노벨상의 수상자 중에 정말로 노벨상 수상자가 나오는 일도 있었다.

1996년 〈소칼의 지적 사기〉라는 책이 세상을 시끄럽게 한 적이 있다. 뉴욕 대학의 물리학 교수인 앨런 소칼은 포스트모던 철학을 못마땅하게 여겨, 포스트모던 문화 연구를 위한 잡지 소셜 텍스트에 '양자중력의 변형해석학'이라는 제목의 가짜 논문을 기고한다. 예상대로 잡지에 이 가짜 논문이 실리고, 그로써 '포스트모던'의 철학은 톡톡히 망신을 당한다. 하지만 소칼의 가짜 논문은 아직 파타피직스라 할 수 없다. 그는 자신의 농담을 상대가 진담으로 알아듣기를 원했기 때문이다.

반면, 아이번 스탱의 '섭지니어스 교회Church of Subgenius'는 제대로 파타피지컬하다. 설립자 아이번 스탱은 이 교회가 1950년대에 위대한 세일즈맨 '밥' 돕스J. R. Bob Dobbs에 의해 설립됐다고 주장한다. 물론 밥은 실존인물이 아니라 만화의 캐릭터다. 사도(?) 밥을 내세워 이 교회는 개신교, 몰몬교, 사이언톨로지, UFO 연구, 음모론과 같은 기성의 종교, 혹은 준종교를 패러디한다. 교리도 쿨cool해서, 여기에 입교한 신도는 자신의 이단종교를 만들도록 권장된다. 철학도 제대로 파타피지컬하다.

"섭지니어스 교회는 (정신의) 전적인 이완을 추구하는 조롱자와 신성모독자의 교단으로, 조롱 과학mockery science, 가학미래학sadofuturistics, 형거대학megaphysics, 분변기록학scatalography, 분열증상학pchizophreniatrics,

도덕실재론Morealism, 조롱시행학sarcastrophy, 냉소신성종교학cynisacreligion (…) 숭고유명론subliminalism, (…) 조롱섭생학ridiculopgagy, 잡종무신론적 신학Miscellatheistic Theology을 탐구한다." (섭지니어스 경전 p.5)

발명의 영역에서라면 아마도 일본의 '진도구珍道具'가 파타피직스에 가까울 것이다. '진도구'란 가령, 눈에 안약을 넣는 깔때기, 전철에서 졸 때 머리를 고정시켜주는 헬멧, 비가 젖지 않도록 전신을 덮어주는 우산, 코풀기 쉽게 머리에 고정시킨 두루마리 화장지처럼 아이디어는 기발하나 실용성이나 상품성은 전혀 없는 도구를 말한다. 2%의 편리함을 위래 98%의 불편함을 감수해야 하는 도구라 할까? 진도구의 정의는 '생활의 한 가지 문제를 해결하나, 그로 인해 다른 서너 가지의 문제를 일으키는 도구'다.

개인적으로 연구하고 싶은 파타피직스의 몇 가지 분야가 있다. 가령 히말라야의 설인雪人 '예티'와 북아메리카의 유인원 '빅풋' 사이의 유전적 상관관계. 엔젤 헤어에 대한 화학적 분석을 통해 진단해본, UFO 연료의 그린 에너지로서 가능성. 영매의 입에서 나온 액토플라즘에 대한 화학적 분석 등. 영매가 엑스터시에 도달하는 순간 입에서 뿜어져 나오는 이 하얀 액체는 그가 불러내는 죽은 사람의 형상을 취한다. 그렇다면 이 액토플라즘의 DNA는 영매의 것인가, 아니면 죽은 사람의 것인가?

파타피직스는 인류의 진화가 낳은 최상의 정신능력으로 정상과학과 형이상학이 좌절하는 그 지점에서 작동하기 시작한다. 아직 파타피직스 연구가 시작조차 못했지만, 사실 한국은 파타피직스의 연구에 최적의 조건을 갖췄다고 할 수 있다. '현실이 곧 초현실'인 나라에서는 파타피직스 연구에 영감을 주는 굵직한 사건들이 시도 때도 없이 터지기 때문이다. 졸지에 보온병이 포탄이 되고, 무덤의 상석이 체중계가 되는 가능세계가 존재하는 곳. 조국 대한민국이야말로 21세기 파타피직스 연구의 중심지로 손색이 없다.

# 파타포와 닌텐도

## pataphor

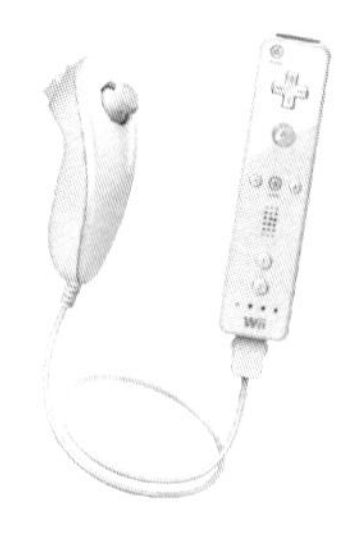

현대인은
파타피지컬한 종種이
되어가고 있다

이제 독자들은 파타피직스의 세계에 입문했다. '파타피직스'가 '메타피직스'의 패러디라면, '파타포pataphor'는 '은유'를 의미하는 메타포metaphor의 패러디다. 과거의 시인과 화가들이 메타포의 대가였다면, 현대의 파타피지션들은 파타포의 명인이라 할 수 있다. 파타포는 그저 몇몇 괴짜들의 해괴한 지적 유희에 불과한 게 아니다. 오늘날 그것은 대중의 일상을 지배하는 체험이 되었기 때문이다. 미디어 아티스트 제프리 쇼의 말대로 "현대인은 파타피지컬한 종種이 되어가고 있다".

메타포와 파타포는 어떻게 다른가? 아리스토텔레스에 따르면, 은유는 '두 개의 상이한 사물 사이에서 불현듯 유사성을 깨닫는 능력'이다. 예를 들어 체스는 널리 알려진 것처럼 전투의 시뮬레이션이다. 하지만 진짜 전투에서 이루어지는 기동은 보드 위에서 말들이 움직이는 것과는 전혀 차원이 다른 현상이다. 하지만 둘 사이에는 모종의 유사성이 존재하여, 하나를 다른 하나의 시뮬레이션으로 만들어준다. 그런 의미에서 체스는 전투의 '은유'라 할 수 있다. (이는 물론 문학에서 사용하는 '은유'의 개념보다는 훨씬 느슨한 것이다.)

메타포의 경우 자신과 현실 사이에 넘을 수 없는 벽이 존재함을 인정한다. 예를 들어 우리는 그녀의 얼굴은 실제로는 꽃이 아니며, 그녀의 눈은 실제로는 호수가 아니며, 그녀의 허리는 실제로는 개미의 그것이 아니라는 것을 알고 있다. 장기의 경우도 마찬가지다. 그것이 아무리 전투를 시뮬레이션한 것이라 해도, 지금 아프가니스탄에서 벌어지고 있는 치열한 전투는 보드 판 위의 놀이와는 애초에 차원이 다른 것이다. 체스 판 위에는 포성도 없고, 포연도 없다. 총상 입은 부상자도, 포격으로 잘려나간 신체 부위도 없다.

하지만 이렇게 상상해보자. 가령 미군 병사와 탈레반 전사들이 거대한 체스 판 위에서 전투를 벌이고 있다면? 그것은 매우 괴상한uncanny 장면일 것이다. 하지만 이런 종류의 상상력은 이미 우리 일상의 한복판에 들어와 있다. 가령 영화 〈해리 포터〉 시리즈에는 해리 포터 일행이 거대한 체스판 위에서 체스 피겨들과 대결을 벌이는 장면이 나온다. 여기에서 현실의 인간은 체스 판이라는 은유의 세계에서 벌어지는 사건의 일부가 된다. 이것이 바로 파타포, 즉 파타피지컬한 상상력의 전형적 형태다.

여기서 독자들은 당장 〈이상한 나라의 앨리스〉를 떠올릴 것이다. 널리 알려진 것처럼 루이스 캐롤은 체스 판의 기보棋譜를 모델로 앨리스의 이야기를 구상했다. 이로써 앨리스가 이상한 나라에서 벌인 모든 모험은 체스 판 위에 놓인 말의 움직임이 된다. 실제로 테니얼 경이 그린 삽화에서 이상한 나라의 들판은 흑백의 정사각형으로 이루어진 거대한 체스 판 모양을 하고 있다. 결국 현실의 소녀가 피겨가 되어 체스라는 은유의 세계 속으로 들어간 셈이다. 이제 독자들은 파타포가 무엇을 의미하는지 감을 잡았을 것이다.

이 이야기의 마지막에서 앨리스는 여왕이 되어 왕관을 쓴다. 이는 체스의 졸pawn이 마지막 칸에 도달했을 때는 여왕queen이 된다는 체스의 규칙과 관련이 있다. 오늘날 게이머들 역시 게임의 세계로 들어가 거기서 허구의 존재들과 한판 대결을 벌인다. 하지만 앨리스의 체험은 그것과 조금 다르다. 게이머들은 거기에 들어가기 위해 가상의 신체를 입지만, 앨리스는 현실의 육체를 가지고 거기에 입장하기 때문이다. 그런 의미에서 앨리스의 체험은 제대로 파티피지컬하다고 할 수 있다.

체스에 대해서 얘기한 것은 물론 카드놀이에도 적용된다. 토끼굴 속과 거울 뒤에서 앨리스는 붉은 여왕과 하얀 여왕만 만나는 게 아니다.(이들은 물론 체스의 피겨들이다.) 앨리스는 거기서 카드의 병사들에게 쫓기기도 하기 때문이다. 앨리스는 현실의 몸을 가지고 체스와 카드라는 은유의 세계 속에 들어가, 그곳에 존재하는 가상의 존재들과 대결을 한다. 여기서 은유와 현실은 단 하나의 동일한 시간과 공간에 병존한다. 그런 의미에서 〈이상한 나라의 앨리스〉야말로 파타포의 정수라 할 수 있다.

현실의 인간은 체스 판이라는 은유의 세계에서
벌어지는 사건의 일부가 된다.
이것이 파타피지컬한 상상력의 전형적 형태다.

'닌텐도任天堂'의 역사는 게임의 상상력이 메타포에서 파타포로 변모해왔음을 보여준다. 닌텐도는 1889년에 화투를 제조하는 회사로 출발했다. 1950~1960년대에는 러브호텔과 음식 체인점 등에 손을 대며 사업의 다각화를 시도하다가, 1973년 라이트 건을 이용한 게임으로 재미를 본 후, 1975년 이후부터 본격적으로 비디오 게임 사업에 몰두하기 시작한다. 이것이 닌텐도 신화의 시작이다. 그후의 역사는 굳이 말할 필요가 없을 것이다. 현재 미국에서 가장 많이 팔리는 게임 콘솔 열 개 중에서 네 개가 닌텐도의 것이라고 한다.

화투에서 비디오 게임으로 넘어감으로써 닌텐도는 게임의 새로운 영역을 열었다. 화투가 은유적 방식으로 막연히 현실을 지시한다면, 비디오 게임은 플레이어들을 새로운 가상의 세계로 몰입시키기 때문이다. 하드웨어와 소프트웨어의 발달로 최근 몰입의 강도는 과거와 비교할 수 없을 정도로 높아졌다. 이 발전에는 파타피지컬한 측면이 있다. 가상의 세계로 들어가 거기서 미션을 수행하는 플레이어의 모습은 체스 판 위로 올라가 붉은 여왕과 한판 대결을 벌이는 앨리스의 모험과 서로 많이 닮았기 때문이다.

닌텐도 위wii는 발전의 또 다른 단계라 할 수 있다. 예전의 비디오 게임에서 인간은 가상현실 속에 가상적으로만 들어갈 수 있었다. 하지만 동작 감지 장치가 장착된 콘솔의 등장으로 인간은 현실의 육체를 가지고 그곳에 들어갈 수 있게 되었다. 예를 들어 예전의 핑퐁 게임에서 인간이 움직이는 것은 그저 손가락뿐이었다. 하지만 닌텐도 위의 경우 핑퐁 게임을 하려면, 정말로 온몸을 움직여 실제로 핑퐁 게임을 하는 동작을 취해야 한다. 닌텐도 위와 더불어 게임은 제대로 파타포의 수준에 도달했다고 할 수 있다.

닌텐도 위 이전에 파타포를 구현한 예가 없었던 것은 아니다. 가령 항공이나 군사의 영역에서 사용되는 시뮬레이터가 그것이다. 하지만 닌텐도 위는 이것들과는 차원이 다르다. 시뮬레이터의 경우 육중한 장비 속으로 들어가야 한다면, 닌텐도 위의 경우 간단한 장비를 통해 일상의 환경 속에서도 가상에 입장할 수가 있다. 나아가 시뮬레이터가 그저 하나의 가능세계에 고정되어 있다면, 닌텐도 위는 수많은 가능세계 안으로 들어가게 해준다. 그런 의미에서 닌텐도 위는 파타포의 온전한 구현이라 할 수 있다.

모바일의 발전으로 가상현실이 증강현실로 변모하고 있는 것도 파타포의 발전에 유리한 조건이다. '증강현실'의 개념 자체가 '현실과 가상의 층위의 중첩'을 의미하기 때문이다. 햅틱 디자인의 본질 역시 파타포의 구현에 있다. 예를 들어 아이폰을 생각해보라. 화면을 두 손가락으로 벌리면 화면 속의 페이지가 확대되고, 핸드폰을 기울이면 맥주잔을 기울일 때와 똑같은 모습으로 맥주가 흘러내린다. 오늘날 가상의 사물은 아날로그 세계 속의 진짜 사물을 대할 때와 똑같은 신체의 동작을 요구한다.

오늘날 파타포는 몇몇 예술적 엘리트들의 해괴한 상상을 넘어서 대중적으로 요구되는 인터페이스 디자인의 원리다. 이렇게 은유와 현실이 중첩되는 시대에는 상상력 역시 달라질 수밖에 없었다. 과거에 창조성을 대표하는 것은 메타포의 능력이었다. "운율을 맞추는 것은 가르칠 수 있어도 은유를 만드는 법을 가르칠 수 없다"던 아리스토텔레스의 말을 생각해보라. 하지만 오늘날 창조성을 대표하는 것은 파타포의 능력이다. 이것이 바로 디지털 시대의 새로운 '상상력의 논리'다.

# 디지털의 광우

folie

허경영 현상을
바라보는 데에는
두 개의 극단이 있다

허경영이 젊은이들 사이에서 선풍적 인기를 끌던 시절, 우연히 이 광우의 콘서트에 간 적이 있다. 홍대 앞 카페를 빌린 공연장에서 제일 먼저 인상을 남긴 것은 발 디딜 틈도 없이 홀을 가득 메운 관객들. 20대 초반의 젊은이들은 무대 앞 좁은 공간에 서서 펄쩍펄쩍 뛰며 목청 높여 "허경영! 허경영!"을 연호하고 있었다. 하지만 내게 그보다 더 인상적이었던 것은 공연장 뒤쪽 좌석에 고요히 앉아 계시던 6, 70대 노인들이었다. 그들은 자신들의 눈앞에서 벌어지는 광경을 다소 당혹스러운 표정으로 조용히 지켜보고 있었다.

이 희한한 관객 분포가 허경영 신드롬의 본질을 제대로 보여준다. 즉 무대 앞의 공간을 가득 메운 젊은이들에게는 허경영이 그저 새로운 종류의 '개그맨'일 뿐이다. 그들은 기존의 방송 코미디

프로그램에서는 볼 수 없었던 새로운 종류의 개그에 열광하는 중이었다. 반면 뒤에 조용히 앉아 계시던 할머니, 할아버지들. 그분들에게 허경영은 '정치인', 즉 박정희 전 대통령의 정신과 업적을 계승한 민주공화당의 총재이시다. 그들은 이 존경(?)하는 지도자의 정치(?) 행사에 초대받아 그 자리에 왕림하신 것이다.

여기서 개그와 정치는 하나가 된다. 하지만 이는 정치인을 소재로 한 개그와는 애초에 차원이 다르다. 우리는 정치인 행세를 하는 개그맨들을 알고 있다. 김학도는 권영길 의원의 어법을 흉내 내고, 박성호는 강기갑 의원의 외모를 흉내 내고, 배칠수는 3김의 목소리를 흉내 낸다. 그들이 아무리 똑같이 따라해도, 그들은 여전히 개그맨으로 남을 뿐, 누구도 그들을 그들이 흉내 내는 정치인으로 착각하지 않는다. 하지만 허경영은 어떤가? 그의 인격 속에서 개그맨과 정치인은 하나로 통합되어 있다.

이것은 완전히 새로운 차원의 개그다. 만약에 허경영이 민주공화당의 총재와 대통령 후보라는 진지한 배경을 갖고 있지 않았다면, 그의 개그는 빛이 바랬을 것이다. 그의 인기 비결은 진지한 정치와 하릴없는 개그의 모순적 결합에 있다. 이것은 새로운 차원, 즉 존재론적-실존론적 차원의 개그다. 물론 젊은이들과 함께 그 자리를 지켰던 노인들은 경우가 다르다. 그들은 자신들의 지도자가 대중의 사랑을 받는 현장을 보러 왔으나, 그 인기가 매우 비범한(?) 성격의 것이라는 사실을 깨닫고 목하 거북스러워하는 중이었다.

누나한테 들은 얘기다. 베를린 공대의 스튜디오에서 어떤 독일

신사를 만났단다. 그는 17세기 바로크 시대에 살았던 한 작곡가를 기리는 모임의 회장이었는데, 재미있게도 그 작곡가는 세상에 존재한 적이 없었다. 이 모임은 그동안 작곡가들에게 17세기 풍으로 곡을 써달라고 의뢰한 뒤, 그 가상의 작곡가 이름으로 곡을 발표해왔다. 그날은 그렇게 작곡한 곡들을 음반으로 만들러 온 것이었다는데, 녹음이 끝나자 신사가 눈물을 글썽이며 이렇게 말했더란다. "그분이 지금 살아 계셨다면 얼마나 좋아하셨을까?"

신사는 물론 자신이 추모하는 작곡가의 실존을 믿지 않는다. 그럼에도 불구하고 마치 그가 실제로 살았던 인물인 것처럼 행세한다. 이런 태도를 가리켜 '파타피지컬'하다고 말한다. 허경영을 대하는 젊은이들의 태도는 정확히 이것이다. 우리의 젊은이들 역시 결코 허경영이 하는 말이 진실이나 사실이라고 믿지 않는다. 그들은 이 광우의 말이 순도 100%의 헛소리라는 것을 잘 알면서, 마치 그의 말을 진짜로 믿는 듯이 행동한다. 허경영을 바라보는 젊은이들의 태도는 한마디로 '파타피지컬'하다.

이 새로운 취향이 등장한 데에는 여러 가지 원인이 있겠지만, 가장 큰 원인으로 꼽을 수 있는 것은 미디어 환경의 변화일 것이다. 앞서 얘기했던 것처럼 은유와 사실, 가상과 현실을 중첩시키는 '파타포'는 오늘날 아예 인터페이스 디자인의 원리가 되다시피 했다. 게다가 모바일 기술의 발달로 언제 어디서라도 현실의 층위에 가상의 층위, 즉 정보의 층위를 겹쳐놓을 수 있게 되었다. 태어나서부터 이런 환경에서 자라난 세대에게 가상을 보기를 현실처럼 하는 것은 매우 자연스러운 일일 것이다.

허경영 현상을 바라보는 데에는 두 개의 극단이 있다. 하나의 극단은 허경영의 말이 참이라고 '진지하게' 믿는 것이다. 다른 하나의 극단은 허경영의 말이 허위라고 역시 '진지하게' 폭로하는 것이다. 파타피지컬한 모드는 이 두 가지 극단의 중간에 존재한다. 파타피지컬한 태도를 취하는 사람은 허경영의 말이 참이라고 믿지 않으나, 그렇다고 그의 말이 허위라고 요란하게 떠들고 다니지도 않는다. 왜? 허경영이 공중부양을 못한다는 것은 굳이 폭로할 가치가 있는 사실이 아니기 때문이다.

언젠가 조선일보에 실렸던 기사를 인용해보자.

> "전문가들의 입장은 어떤가? 지금 현상을 두고 전문가들 역시 의견은 분분하지만 21세기 종교현상이라고 해석한다. 평소에 병을 치유할 수 있다는 식의 발언은 인간의 의존 증세를 부추기고 있다는 분석이다."

내가 보기에 진지한 의미에서 우려해야 할 사태는 이런 것을 "분석"이라고 내놓는 또라이들이 이 사회에서 버젓이 '전문가' 행세를 하고 있다는 사실이다. 압권은 기사의 마지막 문장이다.

> "허경영을 외치면 진짜 로또 1등에 당첨될 수 있을까?"

언젠가 SBS 〈그것이 알고 싶다〉에서도 허경영 현상을 다룬 바 있다. 그런데 정작 PD가 알고 싶은 '그것'은 따로 있었던 모양이다. 듣자 하니 정작 방송에 나간 것은 엉뚱한 것이었다고 한다. 허경영에게 숨겨놓은 자식이 있다는 등, 그에게 돈을 떼인 사람이 있다는 등. 이 방송이 나간 후 허경영에게 피처링을 해준 모 래퍼가 "후회한다"는 고백을 하는 등 일련의 촌스러운 사건들이 이어졌다. 이렇게 웃어넘길 일에 정색을 하고 덤벼들어 분위기 깨는 사람을 '놀이 망치는 이Spielverderber'라 부른다.

"나는 IQ 430이다." "나는 축지법을 한다." "공중부양도 할 수 있다." "박정희 전 대통령의 보좌관이었으며, 박근혜와 결혼할 사이였다." "조지 부시와 만나 한반도의 미래에 대해 논의했다." "성욕을 억제하기 위해 마늘을 먹는다." "내 눈을 바라봐, 내 이름을 불러봐. 그러면 모든 일이 잘 풀릴 거야." 이런 것은 정색을 하고 폭로할 가치가 있는 허위에 속하지 않는다. 그것을 허위라고 폭로하는 행위는 마치 세상을 향해 "산타클로스는 실은 존재하지 않는다"고 정색을 하고 진지하게 외치는 것과 다르지 않다.

허경영은 파타피지션인가? 내가 보기에 허경영 현상은 파타피지컬하나, 허경영 자신은 파타피지션이 아니다. 파타피지션은 자신이 늘어놓는 얘기가 조크라는 것을 안다. 파타피직스는 논리 '이하'의 현상이 아니라, 논리 '이상'의 현상이다. 파타피지션들은 논리의 위에 서서 논리를 가지고 논다. 허경영은 이들과는 거리가 멀다. 그는 외려 중세와 근대 초에 유럽에 존재하던 광우狂愚에 가깝다. 파타피지션이 그저 논리 회로를 정상과 다르게 사용한다면, 광우는 아예 뉴런의 연결 자체가 일반인과는 다르게 되어 있다.

파타피지션에 가까운 것은 외려 그를 보고 열광하는 젊은이들이다. 그들은 허경영이 보여주는 것이 정치의 패러디라는 것을 안다. 그들은 허경영이 보통 정치인들과 너무나 달라서 열광하는 게 아니라, 그가 보통 정치인들과 너무나 똑같아서 열광하는 것이다. "결혼하면 1억을 준다"는 허경영의 공약과, "결혼하면 아파트를 반값에 준다"는 이명박의 공약이 사실 뭐가 다른가? 그런 의미에서 젊은이들이 허경영에게 환호를 보낼 때, 그들은 실은 그로써 이 사회의 부조리에 야유를 보내고 있는 것이다.

파타피직스는 논리 '이하'의 현상이 아니라,
논리 '이상'의 현상이다.
파타피지션들은 논리의 위에 서서 논리를 가지고 논다.

# 2

# 냉소적 이성

냉소적 이성은 오늘날
보수주의 일반의 특성이 되었다.
아니, 아예 대중의
존재미학이 되어버렸다.

불신의 유예suspension of disbelief

범주 오류category mistake

견유주의kynismus

스파르타의 유머laconic

# 안 믿지 않는 자에게 복이 있나니

## suspension of disbelief

믿는 것을
안 믿지 않는 것으로
대체하는 것

제정신을 가진 사람이라면 시뻘건 벙거지를 뒤집어쓰고 손목에서 거미줄을 뿜어내는 사내가 있다거나, 박쥐 날개처럼 생긴 새까만 가죽 망토를 휘날리며 하늘을 날아다니는 사내가 있다거나, 'S'를 새긴 파란색 쫄티를 입고 추락하는 여객기를 두 손으로 받쳐 승객의 목숨을 구하는 사내가 있다고 믿지는 않을 것이다. 하지만 영화를 영화로 감상하려면 이 회의적 태도를 버리고, 영화 속 현실에서는 그게 가능하다고 믿어줘야 한다. 이렇게 픽션을 수용하기 위해서 현실에서라면 절대로 받아들이지 않을 전제를 수용하는 태도를 가리켜 '불신의 유예suspension of disbelief'라 부른다.

이 말을 처음 사용한 것은 영국의 시인 새뮤얼 테일러 콜리지. 거기에는 물론 역사적 배경이 있다. 중세 이후로도 오랫동안 유럽인들은 환상적인 것의 존재를 믿었다. 하지만 계몽과 과학의 시대에 천사와 악마, 마녀와 요정 따위가 가당키나 하겠는가. 18세기에 들어와 초자연적인 것은 유럽 대륙에서 설 자리를 잃게 된다. 가령 〈햄릿〉에는 선왕의 유령이 출몰하는 장면이 있다. 셰익스피어의 동시대인들은 그것이 현실적으로도 일어날 수도 있는 사건이라 믿었겠지만, 콜리지가 살던 18세기의 유럽인들에게 이미 유령은 그저 허구의 산물일 뿐이었다.

과거의 독자는 스토리 속에 초자연적인 것이 등장해도 그것을 '개연적'으로 느꼈다. 하지만 계몽된 독자들은 그런 것이 스토리의 개연성을 해친다고 느낀다. 그리하여 18세기 이후 문학에서 초자연적 현상, 환상적 존재는 자취를 감추기 시작한다. 세계를 환상 없이 바라보는 이 과학적 경향은 19세기 자연주의와 사실주의에서 절정에 달한다. 하지만 고딕적 상상력에 탐닉했던 콜리지는 환상적인 것의 자리를 남겨두기를 원했다. 문제는 의심 많은 '계몽된' 독자들에게 환상적 존재를 어떻게 정당화하느냐는 것. 방법은 '믿는 것'을 '안 믿지 않는 것'으로 대체하는 것이었다.

어느 날 콜리지는 이웃에 살던 윌리엄 워즈워드와 시에 두 가지 핵심적 요소가 있다는 합의에 도달한다. 하나는 (워즈워드의 시처럼) "자연의 진리를 충실히 견지함으로써 독자의 공감을 자극하는 힘"이고, 다른 하나는 (콜리지의 시처럼) "상상력의 색채를 변조함으로써 진기함의 흥미를 주는 힘"이라는 것이다. "초자연적, 혹은 적어도 낭만적인 인물이나 성격"에 관심이 있었던 콜리지는 "이 상상의 그림자들"에 대한 묘사가 "시적 신뢰를 구성하는 불신의 자발적 유예를 부여하기에 충분할 만큼 (…) 진리의 외관"을 갖추어야 한다고 보았다.

여기서 '진리의 외관semblance of truth'이라 함은 '아무리 가짜라도 진실처럼 보여야 한다'는 뜻이리라. 독자가 아무 때나 불신을 유예해주는 것은 아니다. 가령 불신의 유예를 통해 은하계에 우주전쟁이 벌어지는 상황을 일단 전제한다면, 이어지는 스토리는 처음부터 끝까지 이 가능세계의 논리에 따라야 한다. 즉 거기서 우주선을 타고 광속으로 이동을 하는 것은 허용되어도, 죽은 자의 원혼이 유령이 되어 나타나는 일은 없어야 한다. 이 '진리의 외관', 즉 가능세계의 허구적 개연성마저 없다면, 아무리 너그러운 독자라도 불신을 유예해주지 않을 것이다.

'불신의 유예'는 주로 '판타지물'이나 '공상과학물'을 수용하는 태도를 가리키는 말로 사용된다. 하지만 현실을 배경으로 한 작품들도 어느 정도 독자나 관객에게 불신의 유예를 요구한다. 가령 액션영화에서는 주인공이 든 총의 총탄이 결코 바닥나지 않는다거나, 모든 자동차가 마치 그 안에 폭약을 싣고 있었던 듯 전복 혹은 충돌하자마자 폭발하곤 한다. 도를 지나치지 않는 한 관객들은 어느 정도의 과장은 믿어줄 준비가 되어 있다. 심지어 감독이 수류탄으로 옥수수를 튀겨 스크린 위에 팝콘의 눈을 뿌려도, 관객은 그것을 너그러이 용서해주지 않던가.

미디어 이론에서는 '불신의 유예'를 좀 더 넓게, 말하자면 프레임 안의 사건을 현실로 수용하는 태도를 가리키는 데에 사용한다. 이 경우 '불신의 유예'는 판타지나 SF만이 아니라, 모든 허구에 몰입하기 위한 심리적 전제가 될 것이다. 소설이나 영화에만 불신의 유예가 필요한 것은 아니다. 게임을 즐기기 위해서도 모니터 속의 사건을 마치 지금 실제로 벌어지는 것처럼 믿어줘야 한다. 그 정점은 닌텐도 위wii가 아닐까? 가령 위wii의 플레이어들은 허구의 게임을 하기 위해 온몸을 사용한다. 여기서 불신의 유예는 '심리적' 태도를 넘어 '신체적' 행동이 된다.

'불신의 유예'가 영화이론의 밖으로 나와 정치적 수사로 사용되는 경우도 있다. 예를 들어 2008년 힐러리 클린턴은 상원 청문회에서 이라크 파견 미군 사령관이 제출한 보고서를 비꼬는 데에 이 오래된 문예학의 개념을 동원했다. "당신의 보고서는 정말 불신의 유예를 요구하는군요." 한마디로, '당신의 보고서는 허구적이다. 그것을 믿으려면 현실에서라면 결코 용납되지 않을 황당한 전제를 받아들여야 한다'는 뜻이다. 만약 힐러리 클린턴이 한국의 국회의원이었다면, 천안함 침몰에 관한 국방부의 엉터리 보고서를 읽으며 같은 얘기를 하지 않았을까?

그 이름을 망령되이 일컬으면 안 되는 어느 영화는 몰입이 잘 안 되나보다. 어느 신문에 이런 칼럼이 실렸다.

"영화 관람을 무사히 마치려면 어린아이의 마음과 눈높이로 돌아가야겠다고 재빨리 다짐했다. (…) '너희가 어린아이와 같지 않으면 천국에 들어가지 못하리라'는 예수의 말씀도 생각났다. 나는 슬쩍 그 말씀을 바꾸어 나 자신에게 암시를 걸었다. '너희가 어린아이와 같지 않으면 (이 영화를) 끝까지 보지 못하리라.' 나는 여기저기서 어린이들의 웃음

소리가 들리면 때에 맞춰 함께 웃어주었다."

불신을 유예하기 위해 예수의 권능까지 필요했던 모양이다.

하지만 결정적인 '불신의 유예'는 정작 영화 밖에 있었다. 〈충무로라는 이름의 존재하지 않는 적지에서 아무도 하지 않은 멸시를 당하며, 거대자본 CJ에게 투자와 배급을 당하는 경제적 수모, 지원금 12억에 보증금 30억이라는 국가적 냉대, 돌리는 채널마다 얼굴이 나오는 사회적 무시를 극복하고, 미국에서 찍고 미국 배우가 미국말로 연기하는 영화로 한국을 알리고, 미국 관객들의 최악의 평으로 국위를 선양하며, 한국에서 올린 수익의 대부분을 할리우드에 뿌림으로써 조국에 달러를 벌어다준다.〉 이 황당한 각본에 온 사회가 넋을 잃고 불신을 유예한다. 까닭이 뭘까?

두 종류의 영화가 있다. 그가 극장 안에서 상영하는 영화, 그리고 그가 극장 밖에서 연출하는 영화. 감독으로서 그의 재능은 가상의 세트 안에서 2D 영화를 찍을 때가 아니라, 외려 현실의 거대한 세트에서 3D 영화를 연기할 때에 빛난다. 극장 '안'에서 그의 관객들은 억지로라도 웃기 위해 전두엽에 할례를 받고 동심으로 퇴행하는 고역을 치르나, 그가 극장 밖에서 연기하는 영화는 다르다. 그 앞에서 많은 대중이 흔쾌히 불신을 유예한다. 이처럼 완전한 몰입(영화 속으로의), 완벽한 동일시(주연과의)가 또 있을까?

안 믿지 않는 자에게 복이 있나니, 할리우드가 그들의 것이리라. 아멘. 소망이 너무 강렬해서일까? 그의 영화가 개봉될 때마다 현실은 그의 인생을 담은 한 편의 거대한 자전적自傳的 영화로 돌변한다. 그 황당함에도 불구하고 관객이 이 신파에 매료되는 것은 영웅의 대사가 너무 감동적여서일까? "이룰 수 없는 꿈을 꾸고, 존재하지도 않는 적과 싸움을 하고, 메울 수 없는 적자를 메우며, 잡을 수 없는 미국의 배급사를 잡자……"

# 범주 오류

## category mistake

### 속하지 않는 집합에 집어넣는 실수

영국의 철학자 길버트 라일의 저서 〈정신의 개념〉에 나오는 예화. 옥스퍼드 대학을 보러온 방문자에게 대학에 소속된 단과대학과 도서관을 비롯한 시설들을 보여주었다. 캠퍼스의 모든 시설을 둘러본 후 방문자는 안내하던 이에게 기껏 이렇게 물었다. "그런데 대학은 어디에 있지요? 단대college에 소속된 이들이 기거하는 곳, 행정업무를 맡은 이들이 일하는 곳, 과학자들이 실험하고 휴식하는 곳은 봤지만, 당신 대학의 성원들이 기거하면서 일하는 대학university은 아직 보지 못했네요." 이 옥스퍼드 방문자의 논리적 실수를 라일은 '범주 오류category mistake'라 불렀다.

범주 오류란 '어떤 사물을 그것이 속하지 않는 집합에 집어넣는' 실수를 가리킨다. 라일이 보기에 철학은 이런 오류로 가득 차 있다. 대표적인 것이 데카르트의 심신이원론, 즉 인간은 정신과 신체로 이루어졌다는 주장이다. 데카르트는 정신과 신체를 모두 '실체substance'라 불렀다. 하지만 신체는 공간을 차지하나, 정신은 그렇지 않다. 뇌를 열어봐도 거기서 정신을 볼 수는 없잖은가. 이렇게 정신과 신체는 전혀 다른 범주에 속하는데, 데카르트는 이 둘을 같은 범주 안에서 묶었다는 것이다. 그리하여 라일은 데카르트의 정신을 '(신체라는) 기계 속의 유령'이라 비꼰다.

범주 오류는 주로 우리 언어가 다른 것을 가리키는 데에 동일한 문법적 형식을 사용하는 데서 비롯된다. 가령 '그녀는 홍수처럼 눈물을 흘리며 집으로 왔다'와 '그녀는 가마를 타고 집으로 왔다'는 문장을 비교해보자. 영어에서는 '눈물을 흘리며in flood of tears'와 '가마를 타고in a sedan chair'가 동일하게 'in'이라는 전치사로 표현된다. 하지만 물론 둘은 전혀 다른 의미를 갖는다. 범주 오류는 말을 처음 배우는 아이에게 흔히 나타나나, 어른들이라고 거기서 자유롭지는 않다. 컴퓨터에 바이러스가 걸렸다는 소리에 "가까이 가지 말라"고 대꾸하는 경우를 생각해보라.

언어를 완벽히 구사하는 철학자들마저도 흔히 빠지는 게 범주 오류다. 그러니 철학적 훈련을 받지 않는 대중들이야 오죽하겠는가? 타블로의 학력을 둘러싸고 벌어진 소동을 보자. 소란의 원인은, 우리가 '공인'이라는 동일한 문법적 형식으로 가수나 배우 같은 연예인과, 총리나 장관 같은 공직자를 동시에 가리킨다는 데에 있다. 가수를 '공인'이라 부를 때에는 그의 활동이 대중에게 공개되어 있다는 뜻이고, 총리를 '공인'이라 부를 때에는 그의 활동이 공적 임무에 속한다는 뜻이다. 하지만 사실상 타블로에 대한 대중의 비판은 공직자에 대한 인사청문회와 동일한 양상으로 전개됐다.

미국에서는 연예인도 '공인'이라 부른다지만, 이 역시 연예인은 일반인보다 사생활을 덜 보호받는다는 뜻이지, 연예인들에게 공직자 검증과 같은 잣대를 들이대라는 뜻은 아니다. 흥미로운 것은 타진요 회원들의 요구가 정확히 공직자 검증의 패러디였다는 점. 그들은 타블로의 자료에서 의심스러운 점 몇 가지를 제시해놓고 막무가내로 해명을 요구했다. 정상적인 경우 입증의 책임은 의혹을 제기하는 쪽이 지게 되어 있다. 하지만 인사청문회의 경우에는 의혹의 당사자가 해명을 하게 되어 있다. 공직을 맡아야 할 사람은 자신의 결백을 증명할 의무가 있기 때문이다.

그런데 우리 사회가 타블로에게 공직을 맡겼던가? 물론 타블로의 해명을 듣고, 거기서 의문을 품을 수는 있다. 하지만 그것은 의문을 품은 개개인의 주관적 궁금증에 불과하기에, 타블로가 그 의문에 일일이 해명할 필요는 없다. 이렇게 개인적-주관적 궁금증과 사회적-객관적 의혹을 구별하지 못하는 것 역시 또 다른 범주 오류다. '공인'의 개념에 대한 오해, '입증'이라는 표현의 문법, 개인적 궁금증과 사회적 의혹의 혼동. 이 세 가지 오류가 하나로 합쳐져 이윽고 이 사태의 가장 커다란 역설을 낳는다. '그들은 사실은 철저히 의심하면서 의혹은 굳건히 신뢰했다.'

타진요의 회원들은 자신들의 도덕적 정당성을 굳게 믿는다. 심지어 사회적 정의를 실현해야 한다는 사명감까지 갖고 있다. 일부

고약한 이들도 있겠지만, 19만 회원의 다수는 순진하고 순수할 게다. 범주 오류는 도덕적 오류가 아니라, 의도하지 않은 논리적 오류다. 도덕적 오류는 아마도 그들이 타블로에 대한 사과를 거부하는 그 순간에 발생할 것이다. 이와 달리 대중을 현혹하기 위해 범주 오류를 교묘하게 이용하는 경우도 있다. 의도적 성격의 범주 오류는 궤변론법sophistry에 속한다. 민주노동당 이정희 대표가 경향신문에 보낸 글이 아마도 그것의 좋은 예가 될 게다.

"북한의 3대 세습에 왜 침묵하느냐?"는 경향신문의 지적에, 그는 북한과의 외교적 관계를 유지하려면 체제에 대한 비판은 삼가는 것이라 대답했다. 하지만 북한과 남한의 외교적 관계를 관리하는 것은 민노당이 아니라 외교부의 역할. 게다가 3대 세습에 비판적 견해를 갖는 것과 3대 세습에 비판을 삼가는 게 서로 모순되는 것도 아니다. 당원들을 향해선 3대 세습을 비판하되, 북을 향해선 공개적 비판을 삼갈 수도 있다. 그런데 민노당이 어디 그런 경우에 속하는가? 이 대표의 논변은 이 두 범주를 뒤섞음으로써 공당의 이념적 성향을 대중에게 은폐하고 있다.

그가 동원한 또 하나의 논변은 왜 신앙고백을 강요하느냐는 것이다. 자유민주주의 사회에서 개인은 원하지 않는 질문엔 답변하지 않을 권리가 있다, 심지어 법정에서조차 묵비권은 인정된다. 이 대표는 이를 들어 경향신문을 마치 공안검사나 되는 양 몰아붙인다. 하지만 개인과 정당은 범주가 다르다. 개인에게는 자신의 양심을 말하지 않을 자유가 있지만, 공당에게 그런 자유란 없다. 공당은 대중 앞에서 자신의 정치적 목표와 이념적 성향을 분명히 밝혀야 한다. 그게 싫다면 정당이 아니라 개인으로 남을 일이다. 이 대표의 논변은 범주 오류를 이용한 궤변론법의 모범적 예다.

궤변이 존재하는 것은 물론 그것을 믿어주는 사람들이 있기 때문이리라. 스탠포드 대학에서 졸업증명서를 떼어다 제출해도 여전히 타블로가 학력위조를 했다고 믿는 사람들이 있다. 마찬가지로, '민주주의 인민공화국'이 고작 3대 세습이나 벌이는 봉건왕조로 전락해도 북한에 대한 신뢰를 버리지 않는 사람들이 있다. 대개 그런 사람들은 표방하는 대의(?)에 대한 충성과 헌신도 남다른 구석이 있다. 그들을 비난할 수 있는가? 의도적인 범주 오류로 대중을 현혹하는 이들은 비난할 수 있겠지만, 머릿속으로 범주를 정리하지 못해 오류에 빠진 이들을 어떻게 비난할 수 있겠는가?

저 유치한 수준의 궤변을 믿어주는 충성스런 이들. 하지만 저들은 정말로 저 궤변을 믿는 걸까? 아니면 나로선 가늠할 수 없는 어떤 절실한 실존적 이유에서 필사적으로 그것을 믿고 싶어 하는 걸까? 요즘 대중은 배울 만큼 배웠으니, 전자보다는 후자가 사실에 가까울 것이다. 그 어느 쪽이든, 어리석으나 헌신적인 영혼들에게, 화형대에서 불타 죽도록 인간이성의 힘을 믿었던 조르다노 브루노의 시니컬한 소네트를 바친다.

"오, 성스런 무지여! 성스런 어리석음과 경건한 헌신이여! 그것이 네 영혼을 너무나 선하게 만들어, 인간의 기지와 열정을 무색하게 만드노라."

# 벌거벗은 임금님

kynismus

그들은 모른다
그러나 행한다

영화 한 편 때문에 '벌거벗은 임금님'의 동화가 생각나는 시절이다. 언론은 적나라한 그 영화에 화려한 옷을 입혔다. 하지만 대중이라고 어디 눈이 없겠는가? 지난번의 학습 효과 때문인지 이번엔 다수의 대중이 영화를 원색적으로 비난하고 나섰다. 물론 존재하지 않는 그 화려한 옷에 미련을 버리지 못한 이들도 있다. 그들은 말하기를 "그의 도전 정신에 10점을 준다", "그래도 아이와 가족이 보기에 좋은 영화다". 그중의 압권, "영화를 보며 웃지 못하는 것을 보니, 내가 동심을 잃었나봐요". 하긴, 그 화려한 옷은 마음이 착한 사람에게만 보인다지 않던가.

흥미로운 것은 기사를 쓰는 기자들의 태도. 그들은 관객 '100만 돌파'니, '200만 돌파'니 연일 지면에 흥행 성공의 승전보를 전하기에 바쁘다. 초등학교만 나왔어도, (관객수×관람료/2)-(제작비+마케팅비)의 결과가 음수인지 양수인지, 장부에 적힌 숫자가 적색인지 흑색인지는 분별할 게다. 사태가 객관적으로 어떻게 흘러가는지도 알 게다. 그런데 대체 왜 저런 허황한 장밋빛 기사를 쓰는 걸까? 누구에게 속아서 그러는 것은 아닐 게다. 기자 노릇하면서 설마 사칙연산을 모르겠는가? 그들 역시 사태를 잘 알고 있고, 다 알면서 거짓말하는 거라 봐야 할 게다.

작은 에피소드에 불과하지만, 저 기자들의 태도는 오늘날 이데올로기가 작동하는 방식을 보여준다. 그들은 자기들이 쓰는 기사가 거짓임을 안다. 하지만 참말을 한다고 누가 알아주는 것도 아니고, 또 세상이 바뀌는 것도 아니라고 생각한다. 민중의 입을 대변한다는 언론의 고전적 임무는 오늘날 비웃음의 대상이 될 뿐이다. 그들에게 왜 거짓말을 하느냐고 묻는다면, 그들은 창피해 하기는커녕 아마도 자기들이 그래야만 하는 수십 가지 합리적인(?) 이유를 댈지도 모르겠다. 독일의 철학자 페터 슬로터다이크는 이런 것을 '냉소적 이성'이라 불렀다.

마르크스는 고전적 이데올로기의 작동 방식을 이렇게 기술한다. "그들은 모른다. 그러나 행한다." 이데올로기가 이렇게 작동한다면, 그저 진실을 알림으로써 대중을 이데올로기에서 해방시킬 수 있을 게다. 계몽의 프로젝트란 결국 이렇게 외치는 것이었다. "임금님은 실은 벌거벗었다!" 하지만 위에서 언급한 기자들의 경우는 어떤가? 설사 그들의 기사가 허위임을 폭로한다 해도, 그들이 거짓말하기를 멈출 것 같지는 않다. 여기서 이데올로기는 다른 방식으로 작동한다. “그들은 안다. 그런데도 여전히 행한다.” 냉소적 이성은 이렇게 이미 “계몽된 허위의식”이다.

냉소적 이성은 오늘날 보수주의 일반의 특성이 되었다. 아니, 아예 대중의 존재미학이 되어버렸다. 1980년대만 해도 사회는 계몽주의적이어서, 시민이나 민중의 의식을 각성하여 억압에서 벗어난다는 기획이 보편적 동의를 얻을 수 있었다. 오늘날은 어떤가? 두 번의 집권을 통해 ‘민주’가 부패할 수도 있음이 드러났고, 사회주의 몰락으로 ‘평등’이 억압이 될 수 있음이 밝혀졌다. ‘시민’의 자발성도 사회를 바꿀 수 없고, ‘생태’로 환경의 파괴를 막을 수 없음이 분명해졌다. 이런 상황에서 정치적 냉소주의가 외려 ‘쿨’한 태도로 여겨지는 것은 당연하지 않은가.

고전적 이데올로기 모델에 집착하는 이들은 여전히 “임금님은 벌거벗었다!”는 외침으로 대중을 ‘계몽’하고 싶어 한다. 하지만 오늘날 대중은 몰라서 임금님 옷에 감탄하는 게 아니다. 여기에는 뭔가 파타피지컬한 면이 있다. 대중 역시 그 옷이 존재하지 않음을 모르지 않으나, 그럼에도 마치 그것이 존재하는 양 행세해주는 것이다. 그런데 거기에 대고 “임금님은 벌거벗었다!”고 외치면 얼마나 썰렁하겠는가. 그것은 사실 지젝이 인용하는 라캉의 농담과 다름없는 상황이 될 것이다. “저 아가씨 좀 봐요. 어휴, 창피해라. 입고 있는 옷 아래로 홀딱 벗었어요!”

물론 고전적 모델이 완전히 사라진 것은 아니다. 언론은 특수계층의 이해를 사회 보편의 이해로 포장하기 마련이고, 여전히 많은 이들이 정말 몰라서 그 이데올로기에 속아 넘어가고 있다. 그런 이데올로기라면 '계몽'을 통해서 얼마든지 해체할 수가 있을 게다. 하지만 냉소적 이성은 다르다. 그것은 이미 "계몽된 허위의식"이기에, 계몽을 통해 해체할 수가 없다. 그게 문제다. 오늘날 대다수의 대중은 국가와 시장, 정치나 언론에서 떠드는 애국적 수사의 배후에 특수계층의 이해관계가 있음을 이미 안다. 하지만 그것을 알면서도 모를 때나 다름없이 행동한다.

그 영화를 정말로 '재미있게' 본 사람들도 없지는 않을 게다. 하지만 누구나 일상적으로 접하는 한국 영화나 드라마의 수준을 볼 때, 그 영화를 정말로 '재미있다'고 생각할 사람은 많지 않을 게다. 하지만 그 영화를 보고 '재미있다'고 말하는 사람들은 생각보다 많았다. 왜 그럴까? 물론 '솔직히 재미없다'고 고백한 이들도 있다. 하지만 이들마저도 결국엔 감독의 '도전 정신'을 들어 별 다섯을 던진다. 심지어 영화가 재미 없는 게 감독 탓이 아니라 자기 탓이라고 보는 이들도 있다. 이들 역시 그게 다 자기가 동심을 잃은 탓이라 자책하며 별 다섯을 던진다.

"그들은 모른다. 그러나 행한다." 영화의 문법에 무지해서 그러는 것이라면, 관객에게 졸작과 걸작을 구별하는 방법을 설명해주면 그만이다. 거기에 설득당할 사람도 물론 있을 것이다. 하지만 대다수의 관객은 그 영화가 수준이 낮음을 안다 해도 여전히 별 다섯을 던지려 한다. "그들은 안다. 그런데도 여전히 행한다." 여기서 합리적 설득은 애초에 가망이 없다. 아무리 작품을 분석해주고, 비평의 기준을 설명해도 그들은 여전히 작품의 질에 상관없이 별 다섯을 날릴 테니까. 여기서 미학적 계몽의 시도는 좌초한다.

그들의 기사가 허위임을 폭로한다 해도
그들이 거짓말하기를 멈출 것 같지는 않다.
여기서 이데올로기는 다른 방식으로 작동한다.
“그들은 안다. 그런데도 여전히 행한다.”

이것은 더 이상 논리의 문제가 아니다.

사실 이는 하찮은 소극笑劇에 불과하다. 하지만 중요한 것은, 오늘날엔 이데올로기가 어느 영역에서든 이런 식으로 작동한다는 점이다. '그들은 몰라서가 아니라 알면서도 여전히 그런다.' 하버마스가 말하는 "이상적 담화 상황"이 주어진다 해도, 거기서 이루어지는 토론의 결과로 대중의 행동이 바뀌지는 않을 것이다. (물론 그게 무의미한 것은 아니다.) 때문에 오늘날에도 이데올로기 비판이 가능하다면, 그것은 의식의 비판이 아니라 신체의 비판, 즉 (허위)의식과 싸우는 수준을 넘어 무의식 속에 도사린 욕망과 대결하는 유물론적 비판이 되어야 할 게다.

이데올로기 이후post-ideology 시대를 지배하는 '냉소주의Zynismus'의 대안으로, 슬로터다이크는 고대의 '견유주의Kynismus'를 제안한다. 왜 그럴까? 널리 알려진 것처럼 견유주의자들의 비판은 철저히 유물론적이었다. 그들은 아카데미에서 "머리의 지식"을 추구하는 대신에 장바닥에서 "신체의 지혜"를 연출했다. 가령 견유주의의 대명사 디오게네스는 머리로 논증을 하지 않았다. 그는 신체로 퍼포먼스를 했다. 그가 하는 비판의 형식은 오줌, 정액, 제스처이며, 비판의 내용은 뻔뻔한 독설, 얄미운 조롱, 신랄한 풍자였다.

이미 모든 것을 아는 "계몽된 허위의식"이기에 냉소적 이성은 결코 논증만으로 무너지지 않는다. 논증이 외려 결국 냉소를 교육시켜 더 강하게 만들어줄 수도 있다. 따라서 비판은 촉각적이어야 한다. 다다이스트들의 도발적 퍼포먼스처럼 견유주의는 충격을 통해 차가운 냉소로 얼어붙은 사유와 습속에 균열을 낸다. 슬로터다이크의 말대로 냉소의 시대에 철학은 장바닥으로 내려와, 무례함과 뻔뻔함을 가지고 냉소를 냉소해야 한다.

# 스파르타의 유머

laconic

디테일을 제쳐두고
곧바로 사태의
본질을 치는 화법

영화 〈300〉에는 이른바 '스파르타의 유머'가 등장한다. 가령 페르시아 군대가 "우리의 화살이 하늘을 뒤덮을 것"이라고 협박하자, 스파르타의 용사들은 짧게 "그럼 시원한 그늘 아래서 싸울 수 있겠군"이라 대꾸한다. 영화 속에선 제대로 묘사가 안 됐지만, 레오니다스가 항복을 받으러온 페르시아의 사신들을 발로 차 우물에 처넣는 장면도 실은 이와 관련이 있다. 당시에 페르시아 사신들은 고대의 관습에 따라 복종의 상징으로 스파르타의 흙과 물을 바치라고 요구했다. 스파르타 사람들이 이들을 우물에 빠뜨린 것은 전형적인 스파르타식 유머의 연출이었다. "(우물 바닥에 떨어져) 직접 파가라."

농담을 할 때만이 아니라 스파르타인은 평소에도 말수가 적었다. 테르모필의 협곡을 막고 있는 스파르타의 용사들에게 페르시아의 왕 케르케스는 "무기를 내놓으면 목숨을 살려주겠다"고 말한다. 이 제안에 레오니다스가 보낸 답변은 딱 두 마디. "몰론 라베Μολὼν λαβέ." 우리말로 "와서 가져가라"는 뜻이다. 오늘날 이 말은 그리스 육군 제1군단의 모토로 사용되고 있다. 스파르타의 여인들은 전쟁에 나가는 남편이나 자식에게 이렇게 말했다고 한다. "방패를 들고, 혹은 방패 위에 들려." 승리하여 방패를 들고 돌아올 게 아니라면, 전사하여 방패에 실려 돌아오라는 얘기다.

한두 마디 안에 모든 것을 담아내는 스파르타식 어법에는 묘한 매력이 있다. 이 매력적인 어법의 절정은 아마도 마케도니아의 선전포고에 대한 유명한 대꾸일 게다. 그리스의 도시국가들을 차례로 복속시켜가던 필립 대왕이 스파르타에게 최후통첩을 보냈다. "즉각 항복하는 게 좋을 거다. 만약if 내가 군대를 이끌고 너희 나라로 들어갈 경우에는, 내가 너희의 농장을 파괴하고, 너희 백성을 도살하고, 너희 도시를 무너뜨릴 테니까." 이에 대한 스파르타의 공식 답변은 딱 한 단어. "만약에if." 이 한마디에 필립 대왕도, 그의 아들 알렉산더도 끝내 스파르타를 함부로 대하지 못했다.

### 라코니아 사람들

수사학에선 이런 식의 축약어법을 '라코닉laconic'이라 부른다. '라코닉'은 '라코니아(=라케다이몬)'라는 지명에서 비롯된 말이다. '라케다이몬'은 원래 스파르타와 구별되는 또 다른 도시국가를 가리키나, 당시 사람들은 서로 인접한 이 두 지역을 모두 '라케다이몬'이라 불렀다고 한다. 스파르타식 어법이 '라코닉'이란 명칭을 갖게 된 것은 이 때문일 게다. 그런데 스파르타 사람들은 왜 축약어법을 선호했을까? 그것은 아마도 스파르타 특유의 군사주의 문화와 관련이 있을 것이다. 주절주절 긴 말을 늘어놓는 것은 전사에게 어울리지 않는 법. 전사의 미덕은 역시 말보다 행동에 있지 않던가.

라코닉 어법은 미개한 사회의 특징인지도 모른다. 말수만 적은 게 아니었다. 스파르타는 법률의 수도 적었다. 스파르타에는 법률이 왜 이렇게 적으냐는 물음에 카릴라우스 왕은 "원래 말이 적은 사람들은 많은 법이 필요 없다"고 대꾸했다고 한다. 하지만 법 없이도 살 수 있는 사회는 정의로울지는 모르나, 발달한 사회는 아닐 것이다. 사회가 발전할수록 인간관계도 복잡해지고, 그에 따라 법률의 수도 늘어날 수밖에 없으니까. 수사법도 마찬가지다. 스파르타인들이 언어로 철학을 논하려 했다면, 그들이 사용하는 어휘와 문장도 아테네인들의 것처럼 정교하고 복잡해졌을 게다.

하지만 소크라테스는 다르게 보았던 모양이다. 대화편 〈프로타고라스〉에 따르면 스파르타 사람들은 "실은 철학과 화법에서 최고의 교육을 받았지만", "오직 전투 능력만 뛰어난 것처럼 보이려고 자신들의 지혜를 숨기고 일부러 돌머리인 척한다"는 것이다. "보통 스파르타 사람과 대화를 해보면, 그가 처음엔 어리석어 보일지 모르나, 그들은 결국 짧은 언명으로 (그들에 비하면) 그대가 어린아이임을 보여줄 것이다." 물론 소크라테스의 말을 곧이곧대로 믿을 수는 없다. 스파르타에 뛰어난 철학자가 없었던 것은 아니나, 스파르타 사람들은 대체로 단순, 무식, 과격했다.

### 언어의 금욕

경상도 남자들의 어법은 흔히 '라코닉'하다고 여겨진다. 경상도 남자가 퇴근하고 집에 들어와 하는 말은 딱 세 마디라는 농담이 있다. "밥 도." "아는?" "자자." 이런 어법을 구사하는 문화에서는 사내가 말이 많은 것은 결코 미덕으로 간주되지 않을 것이다. 감정은 헤픈 말보다는 한 번의 행동으로 보여줘야 할 어떤 것이다. 경상도 사내가 사랑을 고백하는 방식도 매우 라코닉하다. 그들은 쓸데없는 디테일들을 일거에 생략하고 곧바로 본질적 사안으로 돌입한다. "내 아를 낳아도." 물론 웃자고 하는 소리겠지만, 이 농담들은 경상도 화법의 특성을 제대로 보여준다.

물론 오늘날 저런 어법을 구사했다가는 집에서 쫓겨나거나, 여자에게 딱지나 맞기 일쑤일 게다. 하지만 저 무뚝뚝한 경상도 어법은 동시에 묘한 매력을 갖고 있다. 우리가 그 농담들을 들으며 웃을 수 있는 것도 그 축약어법이 발휘하는 미학적 효과 때문일 게다. 내가 보기에 경상도 화법의 매력을 잘 의식하고 있는 사람은 개그맨 김제동. 김혜리 기자와 가진 인터뷰에서 그는 경상도 화법의 특성을 이렇게 요약한다. 가령 "할머니, 정말 오랜만이에요. 그동안 안녕하셨어요?"라고 말할 상황이 있다고 하자. 경상도 사람들이라면 그것을 딱 세 글자로 압축할 거란다. "할맨교?"

어린 시절 집에서 기르던 돼지를 잡는다는 말에 꼬마 김제동이 떼를 썼단다. "저 돼지 잡으면 나 학교 안 가." 여기에 대한 어머니의 대꾸가 제대로 '라코닉'하다. "저 돼지 안 잡으면 너 학교 못 가." 이 한마디에 꼬마의 저항은 맥없이 꺾이고 만다. 이렇게 상대를 일거에 제압하는 것이 바로 라코닉 화법의 힘이다. 어느 쇼 프로그램에서 본 얘기. 김제동씨는 예쁜 여자만 보면 같이 산에 가자고 조르는 버릇이 있단다. 어느 여성 연예인이 등산을 싫어한다며 제안을 거절하자 김제동으로선 좀 민망한 상황이 됐다. 이때 김제동 왈, "앞으로 산에서 보이기만 해봐라".

외교부 장관을 지냈던 유명환씨가 언젠가 "천안함 관련 정부 발표를 못 믿는 젊은이들은 북한으로 가라"고 한 적이 있다. 이분이 제 딸을 외교부에 특채한 것으로 알려지자, 네티즌들은 세습 좋아하는 그에게 이렇게 대꾸했다. "니가 가라, 북한." 최근에는 트위터가 라코닉 화법의 산실로 자리 잡아가는 듯하다. 그것은 물론 140자 제한이라는 기술적 조건 때문이기도 하지만, 그 이전에 긴 글보다 짧은 글에 익숙한 영상문화의 효과 때문이다. 이른바 '오늘의 트위터 키워드'라 하여 일간신문들에 소개되는 트위터 글들은 나름대로 라코닉 화법을 적절히 구사한 것들이다.

아테네의 아티카 유머가 유려하고 세련됐다면, 스파르타의 라코닉 유머는 거칠고 투박하다. 라코닉에 밀려 교양 있는 화법이 줄어든다고 해서 디지털 대중이 스파르타 사람들처럼 단순무식해질 거라 걱정할 필요는 없다. 소크라테스는 거칠고 투박한 라코닉 화법 속에 그 어떤 것보다 뛰어난 지혜가 담겨 있을 가능성을 언급하지 않았던가. 디테일을 제쳐두고 곧바로 사태의 본질을 치는 화법. 그것은 절제와 금욕을 통해 몸에서 불필요한 동작을 떼어낸

고수의 검법을 닮았다. 뛰어난 검객이 단 한 합에 상대를 베듯이, 트위터리언은 단 한 마디로 사태의 단면을 베어야 한다.

# 3

# 차이와 반복

'앵프라맹스'는
지각할 수 없는 무한소의 차이.
뒤샹의 목표는
그 얇디얇은 차이의
막을 드러내는 데 있다.

앵프라맹스inframince

반복가능성iterabilité

시차적 관점parallax

# 무한소의 차이

inframince

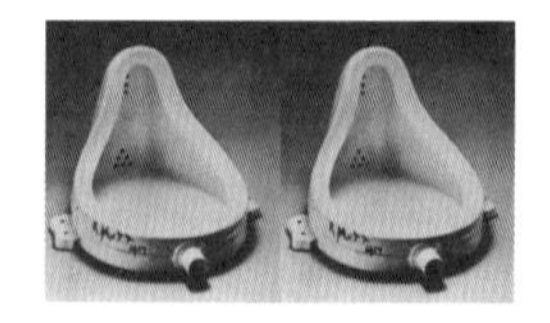

가시적 영역 아래,
지각할 수 없는
무한소의 차이

비행학교에 들어가느라 신체검사를 받아야 했다. 의사가 내게 숫자가 적힌 카드를 보여준다. 색맹 검사를 하려는 모양이다. 숫자와 배경의 색이 확연히 다른 경우에는 별 문제가 없으나, 갈수록 숫자와 배경의 색이 점차 비슷해지면서 숫자를 알아보기가 힘들어진다. 더러 실수가 나오면 의사가 다시 보라고 권한다. 정상적인 시각을 가진 사람이라면, 두 번째 시도에서는 자기의 실수를 정정할 것이다. 하지만 숫자와 배경의 색깔 차이를 그보다 더 줄이면 어떻게 될까? 정상적 시각을 가진 사람도 그 차이를 인지하지 못할 것이다.

**앵프라맹스, 혹은 초박막**

알아보기 힘들 정도로 미세한 차이. 이를 마르셀 뒤샹은 '앵프라맹스inframince'라 불렀다. '앵프라맹스'는 '아래infra'와 '얇음mince'의 합성어로, '적외선infrared'이라는 말처럼 가시적 영역 아래에 깔려 있어 지각할 수 없는 무한소의 차이를 가리킨다. 뒤샹에 따르면 앵프라맹스를 정의하는 것은 불가능하다. 그저 그것의 예를 제시할 수 있을 뿐이다. 가령 권총이 발사되는 소리와 가까운 표적에 구멍이 뚫리는 순간 사이의 지각 불가능한 시간적 차이. 담배 연기를 들이마실 때에 따라오는 입 냄새의 구별 불가능한 감각적 차이 등.

앵프라맹스의 얇디얇은 막은 파타피지션들이 즐겨 활동하는 영역이다. 가령 보르헤스의 단편 〈비밀의 기적〉은 사형대 위에 선 작가가 총알이 발사된 직후부터 1년의 시간을 얻어 작품을 완성한 후에야 날아온 총알에 맞아 숨을 거둔다는 얘기를 담고 있다. 이는 묘하게도 '총알이 발사되는 소리와 표적에 구멍이 나는 순간 사이에 존재하는 지각 불가능한 차이'라는 뒤샹의 예를 연상시킨다. 파타피지션이라면 이 이야기에서 시간의 상대성에 관한 물리학 이론, 혹은 객관적 시간과 주관적 시간의 차이에 관한 철학 이론들을 잔뜩 끌어낼 것이다.

"사랑을 주고받는 주체와 객체 사이에는 아무리 다가서도 얇은 빈틈이 생깁니다. 전위적 화가 마르셀 뒤샹은 그것을 '앵프라맹스'라고 불렀습니다." (이어령)

문화평론가 이어령씨는 앵프라맹스를 "인간으로서는 깰 수도, 찢을 수도, 넘어설 수도 없는 아주 얇디얇은 막"으로 규정하고, 이를 극복하기 위해 지성에서 영성으로 올라가야 한다고 말한다. 하지만 이는 뒤샹의 맥락에서 지나치게 동떨어진 것이다. 뒤샹의 목표는 앵프라맹스를 극복하는 데가 아니라, 외관상 똑같아 보이는 것들 사이에서 그 얇디얇은 차이의 막을 드러내는 데에 있었기 때문이다.

### 앵프라맹스의 세 단계

앵프라맹스가 정의 불가능하나, 그것을 정의하려는 시도가 없었던 것은 아니다. 헥토르 오발크라는 철학자는 뒤샹의 노트를 토대로 앵프라맹스의 세 단계를 구별한다. 첫 단계는 '물리적 의미에서 매우, 매우, 매우 얇은 막'을 가리킨다. 뒤샹은 이를 '종이의 두께'에 비유한다. 예를 들어 한국의 작가 임선이는 등고선이 그려진 얇은 지도의 종이들을 층층이 겹쳐서 3차원 입체 풍경을 만들어낸다. 뒤샹의 개념을 염두에 두고 한 작업인지는 모르겠지만, 이 작품을 통해 작가는 거의 지각이 불가능한 두께, 즉 앵프라맹스를 가시화하고 있는 셈이다.

앵프라맹스의 둘째 단계는 '쉽게 상상할 수는 있으나 실제로는 존재하지 않는 차이'를 말한다. 뒤샹은 이를 그림자의 두께에 비유한다. 물리적 의미에서 그림자에는 두께가 없다. 빛도 마찬가지다. 빛과 그림자의 놀이인 영화에서는 모든 사건이 그 물리적으로 존재하지 않는 얇은 막 위에서 벌어진다. 그러고 보니 언젠가 도쿄에

임선이
〈Trifocal Sight〉
2008

서 본 어느 일본 미디어 아티스트의 작품이 생각난다. 그는 모니터를 눕혀놓았다고 가정하고 그 표면 위에서 명멸하는 얇디얇은 전자파의 층위, 즉 앵프라맹스를 증폭시켜 사운드와 이미지로 보여준다.

앵프라맹스의 셋째 단계는 '지각할 수 없고 오직 상상만 할 수 있는 차이'를 가리킨다. 이 단계는 앵프라맹스의 본령이라 할 수 있다. 이 단계의 대표적 예로는 보르헤스의 단편 〈피에르 메나르, 돈키호테의 저자〉를 들 수 있을 것이다. 이 소설에서 피에르 메나르는 세르반테스의 역작 〈돈키호테〉를 시대에 맞추어 다시 쓰나, 각고의 노력 끝에 탄생한 원고는 세르반테스의 원작과 구두점 하나 다르지 않았다. 하지만 세르반테스와 피에르 메나르가 살던 시대의 해석학적 맥락의 차이가 이 소설을 서로 너무나 다른 것으로 만들어준다.

### 앵프라맹스와 파타피지카

여기서 우리는 뒤샹이 변기를 미술관에 가져간 진짜 이유를 알게 된다. 그것은 널리 알려진 것처럼 범상한 것commonplace을 예술작품으로 변용시키기 위한 것이 아니었다. 그의 관심은 대량생산의 산물, 즉 하나의 주형에서 대량으로 찍어낸 똑같은 사물들 사이에 존재하는 미세한 차이에 있었다. 사실 〈샘〉(1917)이라는 제목이 붙은 변기는 같은 공장에서 생산된 다른 변기와 물리적으로 전혀 구별이 되지 않는다. 〈샘〉을 예술작품으로 만들어주는 차이는 '지각할 수 없고 오직 상상만 할 수 있다'는 점에서 앵프라맹스의 탁월한 예가 된다.

임선이는 개개의 등고선 지도들을 포개어 하나 더 높은(n+1) 차원의 입체 풍경을 만들어낸다. 그렇다면 우리가 3차원 입체로 지각하는 대상들 역시 합쳐져 그보다 더 높은(n+1) 차원의 세계를 이루지 않을까? 예를 들어 뒤샹의 〈샘〉은 3차원 공간에서는 그저 물리적 대상일 뿐이나, 지각 너머에 존재하는 더 높은 차원에서는 다른 것, 즉 예술작품이 된다. 앵프라맹스를 통해 병 건조대나 자전거 바퀴를 더 높은 차원의 현실(?)에 등록시키는 것. 이것이 바로 뒤샹이 실천한 레디메이드의 철학, 즉 '레디메이드의 파타피지카'다.

주사위를 던지면 1에서 6까지의 눈 중에서 하나가 실현된다. 그렇게 실현된 숫자를 우리는 '현실'이라 부른다. 하지만 던져진 주사위는 동시에 눈에 보이지 않는 차이, 즉 실현되지는 않았지만 실현될 수도 있었을 다른 가능성을 품고 있다. 우리가 '가상적virtual'

이라 부르는 것은 어원상 동시에 '잠재적potential'인 것을 가리킨다. 디지털 테크놀로지는 현실의 대상 위에 가상적, 잠재적인 것의 앵프라맹스를 얹어놓는 기술이다. 그런 의미에서 우리가 '인터페이스'라 부르는 것은 실은 기술적 박막薄膜, 즉 '테크놀로지의 앵프라맹스'라 할 수 있다.

앵프라맹스를 미학적 범주로 간주할 수도 있을 것이다. 가령 별로 특별할 것 없는 일상을 담은 영화들이 있다. 홍상수 감독의 작품을 생각해보라. 이런 영화의 성패는 전적으로 앵프라맹스를 만들어내느냐 여부에 달렸다. 일상을 있는 그대로 재현하는 것은 아무 의미도 없는 일이다. 영화적으로 재현된 일상에는 재현되지 않은 일상과는 지각적으로 구별하기 힘들지만, 동시에 엄연히 존재하는 어떤 미세한 차이가 있어야 한다. 뒤샹은 그 차이가 미소할수록, 그리하여 관객에게 지각되기 힘들수록 효과가 더 강하다고 말했다.

# 리트윗의 반복가능성

iterabilité

반복을 통해 발생하는
차이는 소통을 가로막는
'일탈'이 아니다

보르헤스의 단편 〈피에르 메나르 돈키호테의 저자〉로 돌아가보자. 세르반테스에 필적할 만한 소설을 쓰려고 했던 피에르 메나르. 그가 각고의 노력 끝에 완성한 소설은 공교롭게도 "세르반테스의 텍스트와 언어상으로는 단 한 자도 다른 게 없이 똑같(았)다". 그럼에도 불구하고 보르헤스는 이 단순한 반복이 세르반테스의 원문보다 "비교할 수 없을 정도로 풍요롭다"고 말한다. 가령 '역사가 진리의 어머니'라는 문장은 17세기에는 그저 "수사적 찬양"에 불과했으나, 20세기의 맥락에서 그 문장은 새로운 역사철학을 담은 "놀라운 생각"이 된다는 것.

### 반복가능성

하나의 기호가 상이한 맥락에서 반복적으로 사용되는 성질을 흔히 '반복가능성iterabilité'이라 부른다. 단 하나의 맥락에서 단 한 번만 사용할 수 있는 기호라면, 그것은 아예 '기호'가 아닐 게다. 한 낱말의 의미를 습득한 아이는 그 낱말을 그와 다소 차이가 나는 다른 맥락들 속에서 반복적으로 사용하게 된다. 아이가 그로써 제 의사를 전달하는 데에 성공한다면, 그것은 맥락의 변화에도 불구하고 그 낱말이 어느 정도 의미의 '동일성'을 유지했기 때문일 게다. 이 의미론적 안정성이 언어를 통한 의사소통의 전제가 된다.

하지만 이를 다른 각도에서 볼 수도 있다. 가령 "낱말의 의미는 사용에 있다"는 비트겐슈타인의 말을 받아들인다면, 맥락이 달라지면 동일한 낱말이라도 실은 의미가 달라진다고 봐야 할 게다. 사실 오랜 시간에 걸쳐, 수많은 사람들에 의해, 다양한 맥락 속에서 수없이 반복되는 가운데, 낱말의 의미는 자연스레 변화를 겪기 마련. 가령 '어리석다'는 뜻의 중세국어의 낱말이 오늘날 '어리다'라는 뜻으로 바뀌지 않았던가. 데리다에 따르면, 반복가능성은 이렇게 낱말의 동일성, 혹은 정체성을 해체해버리는 경향이 있다고 한다.

문제는 '반복가능성의 어떤 측면에 주목하느냐' 하는 것이리라. 가령 어떤 이는 하나의 낱말이 상이한 맥락들 속에서 반복되면서도 여전히 의미의 동일성identity을 유지하는 조건에 주목할 게다. 이 경우 그는 한 낱말을 여러 맥락에 '적절히' 사용하는 기준을 얻을 것이다. 반면, 어떤 이는 반복을 통해 발생하는 의미의 '차이

difference'에 관심을 기울일 것이다. 사실 언어란 반복을 통해 발생하는 미세한 차이를 통해 진화하는 생물체가 아닌가. 전자가 언어의 규범성에 주목한다면, 후자는 그것의 창조성을 강조한다고 할까?

'인용'에 대해서도 같은 얘기를 할 수 있다. '인용'이란 하나의 텍스트를 원래의 맥락에서 떼어내 다른 맥락에 옮겨놓는 작업. 이때 그 문장을 적절한 맥락에 옮겨놓지 않으면, 인용자는 해석의 폭력을 저지르게 된다. 하지만 아무리 맥락이 적절하다 해도, 인용문의 의미는 새로운 맥락 속에서 원래의 맥락과는 다소 차이를 보이기 마련이다. 이 차이를 '일탈'이나 '왜곡'으로 볼 수도 있을 것이나, 바로 그 '일탈'과 '왜곡'을 통해 텍스트는 외려 더 풍부한 의미를 가질 수 있다. 피에르 메나르의 돈키호테 인용은 그 극한적 예를 보여준다.

'번역'에도 적절성의 기준이 있을 게다. 하지만 아무리 번역이 적절해도 전혀 다른 문화에 속하는 언어로 반복될 때, 원문의 의미는 변질될 수밖에 없다. 하지만 이게 반드시 부정적인 것만은 아니다. 베냐민에 따르면, 성서는 외려 반복(=번역)을 통해 완전성에 도달한다. 각 나라 말로 반복될 때마다 차이가 발생하고, 이 차이들을 통해 신이 인간에게 전하고자 했던 말씀이 그 풍부함 속에서 온전함에 도달한다는 것이다. 즉 반복을 통해 발생하는 차이는 소통을 가로막는 '일탈'이 아니라, 의미를 출산하는 '창조'일 수도 있다는 얘기다.

데리다가 반복가능성에서 차이가 발생하는 현상을 강조하는 것은 이 때문이다. 데리다에 따르면, 낱말의 의미는 고정되지 않는다. 우리가 한 낱말을 특정한 맥락에서 반복할 때, 거기에는 과거의 반복과 미래의 반복이 흔적으로 드리워지기 마련이다. 그리하여 낱말의 의미는 언제나 시간적, 공간적으로 산포되고 연기될 수밖에 없다. 애초에 언어 자체가 이처럼 '디페랑스'의 놀이라면, 반복을 통해 의미의 차이가 발생하는 현상을 그저 의미의 '일탈'로 보아 배제하거나, 혹은 낱말의 '기생적 사용'으로 간주해 주변화해서는 안 될 것이다.

데리다가 오스틴과 설의 '화행론speech act theory'을 비판하는 것은 이 때문이다. 하지만 내가 보기에 데리다와 화행론자의 입장은 차라리 시차視差를 구성한다. 데리다라고 텍스트를 마구 엉뚱한 맥락에 집어넣는 해석적 폭력을 옹호하지는 않을 게다. 다른 한편, 화행론자들이라고 해서 영원불변성에의 염원에서 언어를 적절성felicity의 관 속에 모신 미라로 만들려 하지는 않을 게다. 두 담론은 각자 다른 목적에서 반복가능성의 두 측면 중 어느 하나를 강조할 뿐이지, 둘의 차이가 적어도 눈에 뵈는 것만큼 크지는 않을 것이다.

### 저자는 말의 주체인가

나를 10여 년 전에 읽었던 이 논쟁으로 다시 이끈 것은, 얼마 전 김영하의 블로그에서 벌어졌던 논쟁(?)이었다. 혹자는 이 논쟁을 보고 "실망했다"고 말한다. 하지만 지식인들이라고 늘 격조 있게 논쟁을 벌이는 것은 아니다. 예를 들어 설은 데리다를 공격할 때 다소 치사하게도 푸코가 사석에서 한 얘기까지 동원했다. "푸

인용문의 의미는
새로운 맥락 속에서
원래의 맥락과는
다소 차이를 보이기 마련이다.
바로 그 일탈과 왜곡을 통해
텍스트는 외려 더 풍부한
의미를 가질 수 있다.

코가 내게 말하기를, 데리다는 고의적 논점 흐리기로 악명 높다고 했다." 꽤 수준 높은 논쟁 속에도 이렇게 유치함은 존재한다. 그러니 종종 지식인들의 논쟁이 유치해 보인다고 각별히 실망할 필요는 없다.

'등단이 작가의 정체성과 관련이 있느냐'는 논란으로 시작한 이 논쟁에서 정작 내 관심을 끈 것은, 소설가로 하여금 트위터와 블로그를 접게 만든 대목이었다. 그는 논쟁을 하는 가운데 마침 벌어진 한 사건을 '인용'했다. 그가 펼치는 논리의 맥락 속에서 그 인용은 나름대로 의미가 있었을 것이다. 가령 그것은 주장의 정서적 호소력을 높이는 장치일 수 있다.(정서에 호소하는 것이 철학에선 오류지만, 문학에선 힘으로 간주되는 모양이다.) 하지만 트위터를 통해 반복(=RT)되면서 그 인용은 완전히 다른 의미를 띠게 된다.

'제 주장을 정당화하기 위해 제자까지 팔아먹느냐.' 이는 저자로선 전혀 예상하지 못한 해석이었을 것이다. 사려 깊은 독자라면, 다소 인용의 맥락이 부적절해도 저자가 의도한 맥락 속에서 그 인용의 의미를 이해해줄 것이다. 하지만 제자의 죽음이 준 사회적 충격이 워낙 강하게 남아 있었고, 게다가 일부 독자들은 사려 깊고 싶지 않은 나름의 욕망을 갖고 있다. 그 결과 그 인용이 의도하지 않은 맥락에서 반복(RT)되면서 졸지에 예상하지 못한 의미를 갖게 된 것. 만약 그 사건을 몇 달 뒤에 인용했다면, 사정은 많이 다르지 않았을까?

과연 반복을 통해 차이가 생산되더라. 데리다가 기대한 대로, 때로는 그것이 생각하지도 못한 새 의미를 창조하는 미학적 '축복'이 될 수도 있다. 하지만 화행론자들이 우려하듯이, 때로는 그것이 생각하지도 않은 물결에 휘말리는 윤리적 '저주'가 될 수 있다. 문제는 저자가 자신의 발언이 반복될 모든 맥락을 예상하고 통제할 수는 없다는 것. 사실 저자는 제가 하는 말의 주인이 아니다. 원하는 문장은 만들 수 있어도, 원하는 맥락을 만들 수는 없기 때문이다. 이 저주에서 풀려나기 위해 저자는 차라리 '반복가능성'을 포기할 수도 있다.

# 시차적 관점

parallax

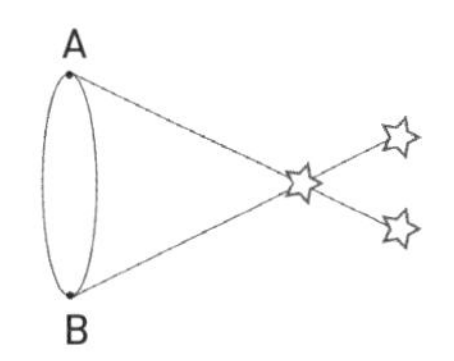


서로 충돌하는 두 입장을
함께 유지하는
사유의 새로운 습관

'시차'란 특정한 천체가 관찰자의 위치에 따라 다른 곳에 있는 것처럼 보이는 현상을 가리킨다. 가령 지구에서 특정한 별의 위치를 관측한다고 할 때, 별의 위치는 지구가 공전궤도의 한쪽 끝과 다른 쪽 끝에 있을 때 각각 다르게 나타날 것이다. 천문학자들은 이를 이용해 지구에서 그 별까지의 거리를 측정하곤 한다. 시차는 우리의 일상에 속하는 현상이기도 하다. 가령 무대 중앙에서 노래를 하는 가수는 왼쪽의 관객에게는 오른쪽 배경 앞에 있는 것처럼 보일 것이고, 오른쪽 관객에게는 마치 왼쪽 배경 앞에 있는 것처럼 보일 것이다.

천문학의 '시차'란 그저 관찰 위치에 따른 대상의 '상대적' 위치 변화를 의미한다. 그저 주관적으로 다르게 보일 뿐, 대상 자체가 객관적으로 위치를 옮기는 것은 아니다. 슬라보예 지젝이 말하는 '시차적 관점parallax view'은 이보다 더 복잡한 현상을 가리키는 것 같다. 가령 양자역학에 따르면 관찰하는 행위가 대상의 상태를 변화시킨다. 즉 동일한 대상이라도 관찰자 A가 볼 때와, B가 볼 때 각각 객관적 상태 자체가 달라진다는 얘기다. 쉽게 말하면, 무대 위의 배우가 실제로 왼쪽에서 볼 때에는 오른쪽으로, 오른쪽에서 볼 때는 왼쪽으로 자리를 옮기는 격이랄까?

천문학의 '시차'에는 논리적으로 어려운 점이라곤 하나도 없다. 관찰자 A와 B의 차이에도 불구하고, 아니 외려 그 차이 덕분에, 관찰 대상이 되는 천체의 위치를 객관적으로 확정할 수 있다. 하지만 양자역학의 세계에서 A와 B의 시차는 종합에 이를 수가 없다. 거기서 얻어지는 것은 동일한 대상에 대한 서로 다른, 나아가 서로 모순되는 두 개의 기술뿐이다. 물리학에서 빛을 동시에 입자이자 파동으로 규정하는 것 역시 같은 경우에 속할 것이다. 여기서 우리는 이른바 '인간의 조건'이라는 벽에 부딪히게 된다. 철학자 칸트는 이를 '이율배반'이라 불렀다.

정치에 관한 담론도 이와 유사한 곤혹스러움을 낳곤 한다. 가령 사회주의자들은 사회를 두 개의 적대적 계급으로 나눈다. 이른바 '계급 모순'을 중심으로 사고를 하는 그들에게 때로는 페미니스트들의 투쟁이 배불러 보일 것이다. "대부분의 프롤레타리아 여성은 먹고 살기조차 힘들고, 먹고 살 만한 배운 여자들이 소일거리로 하는 운동은 당연히 부르주아적 한계에 갇혀 있기 마련이다." 이게 어디 사회주의자들만의 생각이겠는가? 언젠가 개혁당의 유시민 씨가 "해일이 몰려오는데 조개나 줍고 있다"며 당내 여권주의자들을 질타하는 것을 본 기억이 있다.

하지만 하나의 눈에 그저 '조개'만큼 사소한 것이 다른 눈에는 '해일'만큼 중대한 사태일 수가 있다. 가령 페미니스트들은 사회를 두 개의 성으로 나눈다. 이른바 '성적 차별'을 중심으로 사고하는 그들의 눈에는 사회주의자들의 투쟁 역시 때로는 남성 독재의 또 다른 형태로 보일 게다. 아주 오래전에 잡지 씨네21의 취재팀장을 지낸 최보은 씨는 운동권 출신이었던 당시의 남편이 자신에게 폭력을 행사한다고 당당하게 폭로했다. 우연히 술자리에서 만난 그는 "박근혜가 대통령이 되는 것도 어떤 의미에선 진보일 수 있다"고 말함으로써 나를 당혹스럽게 만들었다.

이런 현상은 도처에서 볼 수 있다. 가령 생태주의자들을 생각해보자. 그들은 세계를 '인공과 자연'으로 나눈다. '자연 대 인간'의 대립을 중심으로 사고하는 이들에게 좌우의 문제는 그저 부차적 대립, 결국 자연정복의 산물을 어떻게 나눠 먹느냐의 문제일 뿐이다. 좌파는 그 산물을 사회적으로 분배하자고 주장하고, 우파는 그것을 사적으로 소유하자고 주장할 뿐, 자연을 '자원의 보고'로, 착취의 대상으로 본다는 점에서는 둘 다 공범 관계에 있다는 얘기다. 가령 몇 년 전 수돗물 불소화를 둘러싸고 벌어진 생태주의자와 사민주의자의 논쟁을 생각해보라.

흔히 '포스트모던'이라 칭해지는 여러 담론들의 바탕에는 강한 무정부주의적 성향이 깔려 있다. 무정부주의자의 입장은 어떤가? 권력과 개인의 관계를 중심으로 사고하는 그들에게 아마도 좌와

우의 대립은 그리 중요한 게 아닐 게다. 그들에게는 사회주의나 자본주의나 어차피 근대적 권력이 낳은 쌍생아일 뿐이다. 물론 사회주의자들은 최종적으로 국가의 소멸을 말한다. 하지만 현실사회주의는 유감스럽게도 그 어느 체제보다 강력한 국가주의적 성격을 띠고 있었다. 사실, 민주를 위해서 (프롤레타리아) 독재가 필요하다는 말을 어떻게 믿을 수 있겠는가?

자기가 가진 입장에 따라 세계는 달라 보이기 마련이다. 물론 저마다 자기의 가치는 '해일'만큼 중요하며, 거기에 비하면 다른 문제들은 '조개'만큼 하찮다고 생각할 것이다. 그렇다면 그 모든 입장의 차이를 넘어 정말로 중요한 가치는 무엇일까? 유감스럽게도 그것을 판정해줄 객관적 기준은 존재하지 않는다. 이 경우 철학에서는 흔히 '통약불가능성'에 대해 말한다. 다시 말해 이 입장들을 서로 객관적으로 비교할 수 있게 해주는 공통의 지반은 존재하지 않는다. 누군가 제 입장이 바로 그 공통분모라고 주장한다면, 그것은 무지막지한 독단이리라.

말로 상대주의를 선언하는 것은 쉬운 일이다. 문제는 현실이 우리에게 선택을 강요한다는 데에 있다. 어떤 가치가 진정으로 중요한지 말해줄 객관적 기준 없이 우리는 살기 위해 선택을 해야 한다. 그렇다면 그 선택을 대체 어떻게 정당화할 수 있을까? 또 그 선택이 선택되지 않은 다른 입장들에 부당한 것이 되지 않으려면, 어떻게 해야 하는가? 어려운 것은 이런 물음에 대답하는 것이다. 가치의 다원성을 인정하면서도 실천에서 상대주의에 빠지지 않는 길은 어디에서 찾을 수 있을까? 아마도 지젝이 말한 '시차적 관점'

이 그 해답이 될지 모르겠다.

촛불을 생각해보자. 전통적 좌파에게 촛불집회는 그저 부르주아적 한계 내의 자유주의 운동일 뿐이다. 그들의 눈에는 촛불대중이 자기들 오른쪽에 있는 것처럼 보였을 것이다. 하지만 촛불시민들을 광장으로 부른 이유 중의 하나는 '쾌락', 즉 어떤 상부의 지시 없이 권력이 미치지 않는 해방구에 순수하게 자발적으로 모인 데서 오는 즐거움이었다. 이 무정부주의적, 자율주의적 욕망의 주체들은 외려 자신들을 지도하려 드는 전통 좌파들이 자신들 오른편에 있다고 느꼈을 게다. 실제로 촛불대중은 현장에서 운동권식 지휘에 강한 반감을 드러냈다.

전통 좌파는 촛불대중이 오른쪽에 있다고 느끼고, 촛불대중은 외려 전통 좌파가 오른쪽에 있다고 느낀다. 하지만 이는 동일한 현상에 대한 주관적 느낌의 차이에 불과한 게 아니다. 촛불대중이 전통 좌파의 오른쪽에 있는 상황, 그리고 전통 좌파가 촛불대중의 오른쪽에 있는 상황은 주관적 평가라기보다는 사태에 대한 객관적 기술에 가깝다. 촛불대중은 '실제로' 전통 좌파의 오른쪽에 있고, 동시에 전통 좌파의 왼쪽에 있다. A가 B의 왼쪽에 있으면서 동시에 오른쪽에 있다는 것은 일종의 이율배반이다. 이것이야말로 전형적인 시차적 상황이다.

여기서 "A도 옳고, B도 옳다"고 말하기란 쉽지 않은 일이다. 현실에서 이 두 입장이 때로 첨예하게 대립하기도 하기 때문이다. 하지만 빛은 파동인 동시에 입자다. 하나의 규정이 다른 규정을 부정하나, 그러면서도 둘 다 빛에 대한 올바른 기술이다. 시차적 관점이란 이렇게 서로 충돌하는 두 입장을—마치 힘껏 당겨 묶은 활줄처럼—그 팽팽한 긴장 속에서 함께 유지하는 사유의 새로운 습관이다. 그것이 얼마나 실천적으로 효용이 있을지 모르겠지만, 적어도 'A만이 옳다', 혹은 'B만이 옳다'는 독단보다 우리를 현실에 더 가깝게 데려가줄 것이다.

시차적 관점이란 서로 충돌하는 두 입장을
팽팽한 긴장 속에서 함께 유지하는
사유의 새로운 습관이다.

# 4

# 정체성과 차이

'정체성'은
나를 하나의 가능성에 묶어놓고
다른 모든 가능성들을 억압한다.

정제성identité

이명異名heteronym

싱크레티즘syncretism

# 양 가죽을 쓴 늑대

identité

왼쪽과 오른쪽,
서로 방향은 달라도
멘탈리티는 동일하다

김규항이라는 이가 한겨레신문에 기고한 글에서 진중권을 "진보신당의 당적을 가진 자유주의자"라 불렀다. 그의 구별에 따르면, 진보신당에는 한편으론 "제 정체성을 간직한 당원들, 사민주의적 전망으로 이 추악한 세상을 변화시키려는 진지한 당원들"이 있다. 다른 한편에는 자유주의자들이 있는데, 이들은 "촛불광장에서 활약한 덕에 당원이 늘었다"고 자랑하나, "그렇게 입당한 사람들이 지금 진보신당을 아예 자유주의 정당으로 만들고 싶어 한다"는 것이다. 근데 내가 아는 한 촛불당원들은 노선투쟁 같은 데에는 별 관심이 없다.

그의 언급 중에서 "제 정체성을 간직한 당원들"이라는 표현은 '사회주의자'를 가리키는 것 같다. 한편 "진지한 당원들"이란 표현은 정체성에는 문제가 좀 있지만 그래도 이 추악한 세상을 변화시키려 해서 나름 갸륵한 '사민주의자'를 가리키는 듯하다. 한편, 촛불 때 입당한 당원들은 일거에 '자유주의자'로 분류된다. 그들은 계급의 적, 즉 김규항의 표현을 뒤집으면 제 정체성을 잃고 추악한 세상을 그대로 온존시키려고 드는 진지하지 못한 당원이 된다. 아무 데서나 붉은 살 드러내는 이 좌파 바바리맨 쇼는 그냥 웃어넘기자.

흥미로운 것은 '자유주의자'라는 표현의 독특한 의미론이다. 자유주의는 민주주의와 함께 이른바 '자유민주주의' 사회의 근간을 이룬다. 이른바 북구의 사회국가들도 정치적으로는 자유민주주의를 채택하고 있다. 그런데 '자유주의자'에 대한 이 생뚱맞은 적의는 대체 어디서 나온 걸까? 내가 보기에 그것은 1980년대 이념서적에 난무하던 어법이다. 이렇게 21세기의 한국을 졸지에 멘셰비키와 볼셰비키가 다투던 러시아혁명기로 만들어놓았으니, 내친 김에 차라리 '자유주의자'를 숙청하라고 선동을 할 일이다.

여기서 우리가 보는 것은 이른바 근대적 강박관념이다. 가령 "제 정체성을 간직한 당원들"이란 표현을 보자. 그는 이들의 정체성이 곧 진보정당의 정체성이 되어야 한다고 믿는다. 물론 이들만으로 진보정당을 구성해야 한다고 주장할 만큼 그가 편협한 것은 아니다. 정체성에 조금 문제는 있지만, 사민주의자들은 당에 좀 있어도 된다.(이른바 '견인'을 해서 끌고 가면 되니까.) 그런데 왜 진보신당의 당적을 갖기 위해 그의 개인적 정체성을, 혹은 그가 "제 정체성을 간직"했다고 판단하는 그 사람들의 정체성을 받아들여야 할까?

사실 진보정당에 들어온 사람들 중에서 이념에 관심이 있는 사람은 많지 않다. 사회주의가 뭔지는 사회주의자를 자처하는 그 사람들도 모른다고 하고, 사민주의가 뭔지는 직접 유럽에 살아보지 않은 사람들에게는 매우 낯선 개념이다. 촛불당원들은 대부분 그저 한나라당이 싫고, 민주당은 구리고, 그나마 진보정당이 제 취향에 맞는다고 생각해서 입당한 이들이다. 그들은 자기들의 지향이 여러 가지 면에서 민주당보다는 좀 더 진보적이라고 믿는다. 이런 사람들은 진보정당에 들어오면 안 되는가?

여기서 "제 정체성을 간직한"이라는 표현의 폭력성이 드러난다. '정체성identity'은 동시에 '동일성'을 의미한다. 다른 모든 당원들을 제 형상대로 찍어내야 비로소 당의 정체성이 유지된다는 강박관념은 바로 여기서 비롯된다. 정말로 그렇게 생각한다면, 차라리 당원을 받을 때 아예 이념 조회를 하는 게 낫겠다. "당신은 사회주의를 믿습니까?" "아뇨, 전 공산당이 싫어요." "그럼 사민주의라도 믿습니까?" "글쎄요. 그게 뭔데요?" "흠, 당신은 어쩔 수 없는 자유주의자군요. 민주당으로 가세요."

"진보신당의 당적을 가진 자유주의자"라는 딱지는 아마도 모욕을 위한 표현으로 보인다. 하지만 나는 그게 왜 문제인지 모르겠다. 내가 '자유주의자'라는 것은 나를 아는 이라면, 누구나 아는 사실. 워낙 천성이 리버럴해서 국가가 개인의 권리를 침해하는 것을 못 봐주는 편이다. 한편, 진보정당에 적을 둔 것은 시장에 대한 국가의 개입, 특히 강력한 사회복지적 개입이 필요하다고 믿기 때문이다. 나는 여러 체제 중에 유럽식 사회국가 시스템을 선호한다.

그래서 진보정당에 남아 있는 것이다.

유학시절에 만난 독일의 한 여학생은 내가 기독교인이면서 무신론자라는 사실에 혼란스러워 했다. "종교적으로는 기독교인이고, 철학적으로는 무신론자이고, 윤리적으로는 쾌락주의자이고, 논리적으로는 금욕주의자이고, 경제적으로는 사회주의자이고, 정치적으로는 자유주의자이고, 문화적으로는 무정부주의자이다." 그는 그 모든 규정들이 어떻게 머릿속에서 하나가 될 수 있냐고 물었다. 하지만 정체성을 왜 패키지로 가져야 하는가. 그러는 김규항도 사회주의자를 자처하며 자본주의 시장경제에서 예수 족보 팔지 않던가?

진보정당 안에는 다양한 생각이 공존한다. 거기에는 유신론자도 있고 무신론자도 있다. 자유주의자도 있고 집단주의자도 있다. 사회주의자도 있고 사민주의자도 있으며, 심지어 한미 FTA에 찬성하는 당원도 있다. 선거연합에 찬성하는 사람이 있는가 하면, 독자후보를 고집하는 사람들도 있다. 다른 당과 통합하자는 사람이 있는가 하면, 독야청청 나 홀로 걸어가야 한다고 주장하는 사람들도 있다. 진보신당에 정체성이란 게 있어야 한다면, 그것은 이 모든 생각들의 총합, 혹은 교차에서 찾아야 할 것이다.

"진보신당의 당적을 가진 자유주의자"라는 표현은 아마도 '좌파를 가장한 우파'라는 뜻일 게다. 내가 이런 소리를 듣는 근거는, 중도에 사퇴했다고 비난을 받는 심상정씨의 말도 일단 경청할 필요가 있다고 했기 때문이다. 그는 진보신당이 더 이상 이대로 갈 수는 없다고 믿는다. 거기에 찬성을 하든, 반대를 하든, 일단 그로

하여금 말은 할 수 있게 해줘야 할 터. 이 당연한 요구를 했다고, 남의 이마에 함부로 딱지를 붙여댄다. 도대체 그 딱지 붙이기로 내 주장의 뭘 반박하려 한 건지 알 수가 없다.

우파가 좌파를 가장해 무슨 영광을 볼 수 있는지 모르겠지만, 언젠가 이와 똑같은 비난을, '듣보잡'이라는 이름으로 마침내 유명해질 수 있었던 어느 불행한 청년에게도 들은 바 있다. 이 우익 스토커는 내가 한미 FTA에 대해서 반대한 적이 없다는 것을 근거로 들었다. 실은 여러 차례 FTA에 반대한다고 말한 적이 있는데, 아무튼 '무슨 말을 했다'는 게 아니라, '무슨 말을 안 했다는 것'을 정체성 판단의 근거로 삼는 그 아스트랄함에는 설명하기 힘든 묘한 매력이 있다.

왼쪽과 오른쪽, 서로 방향은 달라도 멘탈리티는 동일하다. 거기서 나온 것이 이른바 '포스트모던'의 근대비판이다. 1990년대 이후 20년 동안 모두들 나서서 지겨울 정도로 근대를 반성했건만, 이 모든 지적 유행의 물결도 1980년대 이념서적을 유일한 교양으로 간직한 고고한 정신만은 전혀 건드릴 수 없었나보다. 그 포스트모던도 유행이 다 지나 이제 회고를 하는 시절. 그 시점에 마주친 이 비난의 형식("그는 양가죽을 쓴 늑대다.")은 너무 복고적이어서 그런지 무덤에서 돌아온 유령처럼 느껴진다.

# 자기를 조각낸 사나이

## heteronym

내가 더 이상 내가 아닐 때
'근대적 주체'의 관념은 해체된다

사라마구José Saramago(1922-2010)의 소설 〈리카르두 레이스의 사망연도〉(1984)는 페르난두 페소아Fernando Pessoa(1888-1935)라는 인물의 독특한 삶을 다루고 있다. 이 포르투갈 작가는 제 이름만이 아니라 다수의 다른 이름으로 작품을 발표하곤 했다. 작가가 제 이름 대신 다른 이름을 사용하는 예는 흔히 있으나, 페소아의 예는 이런 일반적 경우와 확연히 구별된다. 이름들 각각에 서로 구별되는 고유한 전기와 인격과 문체를 부여했기 때문이다. 한마디로 그는 제 자신을 여러 개의 인격으로 분화시킨 셈이다.

그 이름들을 그는 '가명假名'이 아니라 '이명異名'이라 부른다. 가명pseudonym은 제 정체를 감추고 제 목소리를 낼 때에 사용하나, 자기의 이름들은 저마다 다른 인격을 갖고 있으므로 이명heteronym이라 불러야 한다는 것이다. 여기서 우리는 정체성의 추구와는 반대되는 충동을 본다. 정체성identity이 'A=A'의 동일률에 집착한다면, 이명heteronym은 한 인격 내에 잠자는 상이한 가능성들을 현실화한다. 그것의 격률은 A=B=C=D=E, 즉 '너는 지금의 네가 아닌 세상의 다른 모든 사람이 될 수 있다'는 것이다.

페소아가 사용한 이명은 확인된 것만 해도 75개를 넘는다. 그중에서 가장 널리 알려진 것은 세 개의 이름, 즉 알베르투 카에이루Alberto Caeiro, 리카르두 레이스Ricardo Reis, 알바루 데 캄푸스Albaro de Campos다. 위에서 언급한 사라마구의 작품은 이중 리카르두 레이스의 삶을 다룬 것이다. 흥미롭게도 사라마구의 소설에서 레이스는 페소아보다 1년 뒤에 죽는다. 자기가 자기보다 늦게 죽는 셈이다. 페소아의 사망 소식을 듣고 포르투갈로 건너간 레이스는 1년 후 페소아의 유령을 따라 그의 무덤으로 들어간다.

페소아는 이명들 각각에 전기biography를 부여했다. 그가 최초로 사용한 이명 '알베르투 카에이루'는 1889년 4월 16일 리스본에서 태어났다. 일찍 아버지를 잃고 홀어머니 밑에서 초등학교 4학년까지만 교육을 받은 후, 히바테주라 불리는 시골에서 목동으로 지내며 '양치는 사람들', '사랑에 빠진 목동' 등의 전원시를 쓴다. 1915년 고향 리스본으로 돌아오나, 채 몇 달도 지나지 않아 폐결핵에 걸려 26세의 젊은 나이로 사망한다. 이 교육받지 않은 천재의 작품들은 사후에 〈알베르투 카에이루 시 전집〉으로 발간된다.

사라마구 소설의 주인공이 된 '리카르두 레이스'는 1887년 9월 15일 포르투 출생으로, 제수이트 교단의 학교에서 집중적인 고전

교육을 받은 후 의과대학에 진학한다. 이 의사 시인은 호라티우스를 연상시키는 문체로 시를 썼으며, 비평에도 손을 대어 자기가 흠모하는 목동 시인 알베르투 카에이루에 관한 글을 남기기도 했다. 왕당파였던 그는 포르투갈의 왕정이 무너지자 1919년 브라질로 거처를 옮긴다. 사망년도는 확실하지 않으나, 사라마구는 그의 사망년도를 페소아가 죽은 다음 해인 1936년으로 설정했다.

알바루 데 캄푸스는 1890년 10월 15일 타비라에서 출생했다. 고등학교를 졸업한 후 스코틀랜드로 건너가 조선공학을 공부한 후, 항해술로 전공을 바꾸어 글래스고에서 항해사로 생활한다. 삶의 무의미함에 지루함을 느낀 이 퇴폐주의자는 모험을 좇아 극동지방으로 여행을 떠난다. 여행에서 돌아온 그는 완전히 다른 사람이 되어, 산업화와 과학기술의 힘을 찬양하는 미래주의적 경향의 시를 쓴다. 특히 기계와 석탄과 강철에 대한 그의 집착에는 에로틱한 측면이 있다. 1922년 이후 영국으로 이주. 사망 연도는 알려져 있지 않다.

세 개의 전기는 또한 세 개의 세계관을 함축한다. 목동 시인 카에이루는 세계를 정신이 아니라 육안으로 본다. 현상학에서 말하는 판단중지라 할까? 그는 질문을 던지지 않고 세계를 있는 그대로 받아들인다. 세계를 바라보는 야성적 시각. 그 속의 모든 것에 대한 천진한 경외. 여기에 그의 독창성이 있다. 세상에 대한 일체의 정신적 해석, 일체의 문학적 가공을 거부하기에 그의 시는 자연스레 반시反詩의 경향을 띤다. "나는 야망도 없고, 욕망도 없다. 시인이 되는 것은 나의 야망이 아니다. 그것은 그저 홀로 존재하

정체성은
나를 하나의 가능성에 묶어놓고
다른 모든 가능성들을 억압한다.

는 나의 방식일 뿐이다."

의사 시인 레이스는 스승 카에이루를 본받아 세상에 의문을 제기하지 않는다. "삶을 멀찌감치 떨어져서 봐라. 절대로 거기에 물음을 던지지 말라. 그게 너에게 말해줄 것은 아무것도 없다." 교육을 받지 못한 카에이루와 달리 레이스는 이런 태도를 에피쿠로스의 철학적 쾌락주의로까지 끌어올린다. "머리칼에 부는 신선한 바람을 느끼고, 태양이 나뭇잎 위에서 강렬히 빛날 때에, 나는 더 이상 요구할 것이 없다. 운명이 내게 허락하는 것 중에서 이처럼 무지의 순간에 감각적으로 스쳐 지나가는 삶보다 더 좋은 것이 있던가?"

엔지니어 시인 알바루 데 캄푸스는 격정적인 성격의 소유자다. 그의 인격 속에는 두 개의 대립되는 충동이 들어 있다. 하나는 모든 것을 모든 방식으로 느껴보고 싶은 충동이고, 다른 하나는 그래봤자 그 모든 것이 결국 부질없다는 무상함의 느낌이다. 그의 성정은 끊임없이 이 대립되는 두 극단 사이를 격렬하게 오간다. 물론 그때마다 그의 시 세계 역시 달라진다. "나는 아무것도 아니다. 나는 그 어떤 것도 되고 싶지 않다. 나는 그 어떤 게 되기를 바랄 수가 없다. 하지만 나는 내 안에 세상의 모든 꿈들을 다 갖고 있다."

이 세 개의 인격은 물론 페소아 자신 속에 들어 있는 성향들의 발현일 것이다. 이 세 이름 외에 페소아는 자기 이름orthonym으로도 글을 썼다. 흥미로운 것은 이 '페소아 자신'이 사실은 그가 사용하는 또 다른 이명heteronym에 불과하다는 점이다. 다시 말해 그가 '페소아'라는 이름으로 글을 쓸 때조차 그 페소아는 현실의 페소아와는 구별된다. '페소아 자신'은 나머지 세 개의 이름처럼 그의 한 측면만을 구현한 허구의 인물일 뿐이다. "시인은 위조범이다." 연기에 능한 그는 심지어 자기가 진짜로 느끼는 고통까지도 위조한다.

이는 보르헤스의 단편을 연상시킨다. 여기서 그는 메타적 관점으로 올라가 자신을 1인칭과 3인칭('보르헤스와 나')으로 이중화한다. "몇 년 전 그로부터 벗어나고 싶어서 나는 근교의 신화들로부터 시간과 영원성의 놀이로 관심을 옮겼다. 하지만 그 놀이들도 이제는 보르헤스의 것이 되었기에 나는 다른 것들을 상상해야 한다. 내 인생은 결국 비행이다. 나는 모든 것을 잃어버리고, 모든 것은 망각, 혹은 그에게로 귀속된다." 단편은 간략하나 매우 인상적인 문장으로 끝난다. "이 글을 그 둘 중의 누가 썼는지 모르겠다."

'정체성'은 나를 하나의 가능성에 묶어놓고 다른 모든 가능성들을 억압한다. 반면, '이명'은 자아를 다중화하여 존재의 모든 가능성들(때로는 서로 모순되는)을 실현하려 한다. 본명orthonym조차 이명heteronym으로 사용할 때, 놀이는 더욱 더 급진적으로 변한다. 내가 더 이상 내가 아닐 때 '근대적 주체'의 관념은 해체되고, 우리는 마침내 정체성이라는 근대적 강박에서 해방된다. 내가 더 이상 내가 아닐 때, 나는 나보다 늦게 죽을 수도 있다. 사라마구가 하필 '레이스의 사망 연도'를 소설의 제목으로 뽑은 것은 그 때문일 게다.

# 차이 속의 연대

syncretism

생각이 달라도
얼마든지 같은 일을
할 수 있다

필리핀 세부에는 아주 오래된 성당이 있다. 제대로 된 박물관이나 미술관 하나 없는 세부에서 마젤란이 상륙할 때 가져왔다는 십자가와 더불어 거의 유일하게 문화유산 행세를 하는 것이 바로 '산토리뇨'라 부르는 이 성당이다. 이 성당에서 나의 관심을 끈 것은 이곳의 상징이나 다름없는 꼬마 예수가 아니라 '블랙 마리아'라 부르는 검은 피부의 마리아 상이었다. 블랙 마리아는 특히 지중해 유역에 널리 퍼져 있다고 하는데, 아마도 그것이 식민 통치국인 스페인을 통해 필리핀까지 흘러들어온 모양이다.

블랙 마리아는 과거에 지중해 지역에서 일어난 문화적, 종교적 혼합의 흔적이다. 원래 지중해 지역은 이집트 문화의 영향 아래 있었다. 훗날 그곳에 기독교 문화가 흘러들어오면서 원래 그곳에 있었던 토착 종교에 새로 들어온 외래 종교가 착종되는 현상이 발생한다. 이는 접붙이기를 통해 두 식물의 특성을 동시에 가진 과일을 얻는 것에 비유할 수 있다. '블랙 마리아'는 바로 그 착종과 융합의 산물이다. 다시 말해 블랙 마리아의 검은 피부는 이집트의 여신 이시스Isis가 남긴 흔적이라는 얘기다.

사실을 말하자면, 성모 마리아 자체도 실은 종교적 융합의 산물이다. 기독교가 처음 유럽에 도착했을 때 유럽은 다신교의 전통을 갖고 있었다. 기독교의 유일신 신앙을 토착민의 다신교에 접목시키기 위해 가톨릭교회에서는 성자숭배를 허용했다. 게다가 로마 이외의 지역은 모신母神숭배의 전통이 있었기 때문에, 이와 타협하기 위해 교회는 모성을 가진 신성의 대리역으로 마리아를 내세워야 했다. 문화적 순혈주의자들의 생각과는 달리, 문화는 이처럼 이질적인 것들의 융합을 통해 탄생하곤 한다.

기독교가 수입되기 전에도 지중해 지역에는 정복당한 이집트 문명과 정복자의 문명인 헬레니즘의 융합 현상이 있었다. 정도의 차이는 있지만 혼합주의는 매우 보편적인 현상이다. 신학자 하비 콕스는 한국에서 기독교가 성공을 거둔 바탕에는 샤머니즘이 깔려 있다고 지적하지 않았던가. 브라질에는 노예들이 가져온 아프리카 토착 종교와 주인들이 가져온 유럽의 종교가 뒤섞인 혼합 종교들이 많다고 들었다. 이렇게 이질적인 종교나 문화가 하나로 합쳐지는 현상을 흔히 '싱크레티즘syncretism'이라 부른다.

싱크레티즘은 '함께syn'와 '크레타creta'의 결합어 뒤에 '주의ism'라는 말을 덧붙인 것으로, 그 어원은 고대 크레타 섬의 주민들이 외적의 침입에 맞서는 독특한 방식으로 거슬러 올라간다. 고대의 크레타 섬에는 종교적 신념과 정치적 체제를 달리하는 수많은 부족들이 살고 있었다. 이들은 평시에는 서로 차이를 존중하며 공존하다가, 거대한 외적을 만나면 종교적, 정치적 가치관의 차이를 접어두고 공동의 전선을 형성했다고 한다. '싱크레티즘'은 크레타의 부족들이 실천했던 이 공동 행동의 원칙을 가리킨다.

이것이 꼭 크레타만의 방식은 아니었던 것 같다. 물론 상설적인 시스템으로 존재한 것은 아니지만, 크레타 외에 그리스의 다른 도시국가들도 종종 외적의 침입에 맞서 종교적 신념이나 정치적 체제의 차이를 넘어 하나로 단결하곤 했다. 영화 〈300〉에서 스파르타의 왕 레오니다스가 300명의 친위대를 이끌고 거의 자살에 가까운 전투를 벌인 것도 실은 '싱크레티즘'의 실현을 위한 것이었다고 할 수 있다. 레오니다스와 300 용사의 희생으로 헬레니즘의 형제국들은 결국 페르시아에 맞서 연합군을 형성하게 된다.

근대국가는 시민들에게 이른바 '정체성'을 요구한다. 국가는 교육과 훈육을 통해 시민들의 신체에 동일한 코드를 각인하고, 그것으로 정상/비정상을 가르는 기준을 삼으려 한다. 정체성이라는 이름의 동일성에서 벗어나는 개인은 종종 비국민, 심지어는 반국가분자로 간주된다. 참여연대에서 유엔안보리에 천안함 관련 서한을 보내자, 보수주의자들은 이를 "이적행위"로 규정하며 국보법으로 단죄해야 한다고 목소리를 높였다. 이 해프닝은 정체성(=동일성)이란 것이 때로 얼마나 폭력적일 수 있는지를 잘 보여준다.

하지만 정체성의 폭력이 보수주의의 전유물인 것은 아니다. 가령 이번 2010년 지방선거에 출마했던 진보신당의 노회찬 후보는 온갖 비난에 시달려야 했다. 인터넷 게시판에는 이참에 진보정당을 해산시켜야 한다는 극단적 언사까지 나돌았다. 민주당 후보를 지지하지 않으면 졸지에 '반민주분자', '한나라당 2중대'라는 죄목을 뒤집어쓰게 된다. 하지만 그들의 성난 머리는 지난 총선에선 거꾸로 민주당 후보가 완주하는 바람에 심상정, 노회찬 후보가 떨어지고 한나라당 후보가 당선된 바 있다는 사실은 기억하지 못한다.

정체성의 폭력은 당연히 진보정당 내에도 존재한다. 심상정 후보가 사퇴를 하면서 진보정당들 사이의 '진보대연합'을 주장하자, 당내에서는 이것이 좌파의 정체성을 흐리는 행위라는 비난의 목소리가 터져 나온다. 이견을 그저 이견으로 받아들여 차분하게 토론을 한다기보다는 이견을 제출하는 것 자체를 당의 정체성을 무너뜨리는 해당행위로 간주하는 분위기다. 찬성하든, 반대하든 토론에나 부치자고 말하는 것조차도 해당분자의 편을 들어주는 행위로 간주된다. 규모의 차이가 있을 뿐 정체성의 폭력은 어느 곳에나 존재한다.

"보수는 부패로 망하고, 진보는 분열로 망한다"는 속설이 있다. 하지만 사회가 발전할수록 가치는 다양해지기 마련이고, 진보의 가치들이 분화를 겪는 것은 자연스러운 일이다. 이를 망조로 바라보는 것 자체가 잘못된 것이다. 문제는 다양한 가치의 지향을 간단히 '사표'로 만들어버리는 선거 제도에 있다. 이 문제를 극복하기 위해 이번 선거에서 야권은 '선거연합'의 전략을 발전시켰다. 선거연합의 실현은 우리 사회에 '싱크레티즘'의 사고가 자리 잡는 데에 중요한 역할을 했다고 평가할 수 있다.

하지만 이번 선거연합이 진정한 의미의 '싱크레티즘'이었는지는 곱씹어볼 필요가 있다. '반MB'라는 명분 속에서 민주당은 손쉽게 승리를 챙겼다. 민주노동당이 공동으로 승리를 거두었다고 하나, 그것은 사실 민주당이 흘려준 떡고물을 받아먹은 데에 지나지 않는다. 반 MB라는 부정적 가치는 실현되었지만, '진보'라는 긍정적 가치는 이 땅에 뿌리를 내리는 일이 더 어려워졌다. 독자 후보를 낸다고 욕을 뒤집어쓰는 분위기이니, 다음 총선이나 대선에선 과연 진보 후보가 명함을 내밀 수 있을지 모르겠다.

선거가 끝나고 진보신당을 향해 퍼부어졌던 그 모든 부당한 비난들 역시 '선거연합'이 실은 자발적 싱크레티즘이라기보다는 강요된 동일성에 가까웠음을 말해준다. 싱크레티즘은 먼저 상대의 존재를 인정하는 데서부터 출발한다. 생각의 다름을 인정하되 행동의 일치를 추구하는 것. 그것이 싱크레티즘의 요체다. 같은 일을 하기 위해 굳이 가치관을 일치시킬 필요는 없다. 생각이 달라도 얼마든지 같은 일을 할 수가 있다. 진정한 의미의 싱크레티즘은 공동의 대의라는 명분으로 자신의 정체성을 남에게 강요하지 않는다.

그렇다고 싱크레티즘이 그저 제 정체성을 유지하는 가운데 행동을 일치시키는 것만을 의미하는 것은 아니다. 상대의 존재를 인정한다는 것은 그의 존재로부터 배울 것은 배우는 것을 의미한다. 또 상대가 내 존재를 인정한다는 것은 그가 나의 존재로부터 배울 것은 배우는 것을 의미한다. 그것이야말로 진정으로 상대를 존중하는 것이다.

싱크레티즘은 정체성의 횡단과 교차를 허용하고 장려한다. 싱크레티즘에 참여하는 우리는 순혈주의의 아집을 버리고 모두 블랙 마리아가 되어야 한다.

진정한 의미의 싱크레티즘은
공동의 대의라는 명분으로
자신의 정체성을 남에게 강요하지 않는다.

# 5

# 시뮬라크르

객관적 기준이 존재하지 않는다면,
철학자의 이데아란 것도
존재하지 않는다는 얘기.
이로써 플라톤주의는 무너진다.

시뮬라크르simulacre

파르마콘pharmakon

아버지의 이름le nom du pére

# 시뮬라크르의 반란

simulacre

복제는
사라진 실재의 자리를
대신 차지하게 된다

플라톤은 세계를 세 등급으로 나눴다. 그에게 최상의 실재는 역시 이데아의 세계였다. 이 세계가 현실의 모범이고, 우리가 사는 현실의 모든 것은 이 원본의 (다소 불완전한) 복제에 불과하다. 하지만 우리가 사는 현실엔 원본의 복제만 있는 게 아니다. 이 복제를 다시 복제한 놈들도 있다. 이렇게 '원본의 복제'들 틈에 슬쩍 끼어서 마치 진짜 복제인 양 행세하는 가짜 복제, 즉 '복제의 복제'를 '시뮬라크르'라 부른다. 어감에서 이미 느껴지듯이 그 말은 '사이비', 즉 진짜와 비슷해 보이는 가짜란 뜻이다.

이데아는 이 세상에 존재할 수 없기에, 진짜와 가짜를 구별한다 함은 곧 참된 복제('원본의 복제') 중에서 가짜 복제('복제의 복제')를 솎아내는 것을 의미한다. 플라톤은 당시 예술가들이 즐겨 사용하던 시각적 트릭을 예로 든다. 가령 그리스의 조각가들은 신상을 제작할 때 실제 인체 비례보다 머리를 좀 더 크게 만들곤 했다. 그래야 아래서 올려다볼 때 비례에 맞아 '보이기' 때문이다. 플라톤은 이를 비판한다. 그것은 비례에 맞아 '보일' 뿐, 실제론 비례에 어긋난다는 것. 한마디로 그것은 가짜 복제, 즉 시뮬라크르라는 얘기다.

플라톤은 이 관념을 정치학에 적용시킨다. 참된 정치인은 그래도 이데아(=이상적 정치인, 혹은 정치인의 이상)를 좀 닮았다. 반면 가짜 정치인은 이데아를 닮은 것처럼 보일 뿐, 이데아와 아무 관계도 없다. 이런 자들을 솎아내는 게 바로 플라톤의 과제. 그의 〈대화편〉에는 그가 그런 가짜로 생각했을 법한 인물들이 나온다. 가령 '고르기아스'는 그저 말을 잘한다는 이유로 자기가 정치가로 선출될 거라 자랑하고, 시인 '이온'은 자기가 서사시의 전투 장면을 완벽히 음송하므로 자신을 장군으로 뽑아야 한다고 주장한다.

철학자에 대해서도 같은 얘기를 할 수 있을 것이다. 가짜 철학자란 당시의 맥락에서 소피스트들을 가리켰다. 그들은 마치 지혜를 사랑하는 자처럼 행세하나 실은 교묘한 궤변으로 대중의 주머니나 터는 사기꾼일 뿐이다. 그럼 진짜 철학자란? 아마도 소크라테스, 혹은 그의 인형 뒤에서 말하는 복화술사(=플라톤)를 가리킬 게다. 아리스토텔레스 이후 '소피스트'라는 말은 아예 사이비 철학자를 가리키는 경멸어가 된다. 오늘날엔 교묘한 현학적 궤변을 늘어놓는 것을 흔히 '소피스트리sophistry'라 부른다.

수천 년 묵은 이 낡은 사고방식에 균열을 낸 것은 발터 베냐민.

그 유명한 논문에서 그는 복제의 존재 자체가 원본의 개념을 위협하는 경향을 띤다고 지적한다. 보드리야르의 〈시뮬라크르와 시뮬라시옹〉은 아마도 그런 경향의 극단적 시나리오로 볼 수 있을 것이다. 보드리야르에 따르면, 복제는 먼저 원본에서 떨어져나와 자립하고, 이어서 사라진 실재의 자리를 대신 차지하게 된다. 들뢰즈는 〈플라톤과 시뮬라크르〉라는 텍스트에서 시뮬라크르의 존재가 어떻게 플라톤주의 자체를 해체시키는지 설득력 있게 보여준다.

플라톤의 문제는, 원본의 속성을 실제로 가진 '복제'와, 그렇게 보이기만 하는 '시뮬라크르'를 구별하는 것. 하지만 그게 과연 가능할까? 가령 정치인들은 저마다 '자기가 진짜이고 타인은 가짜'라 믿는다. 어느 놈이 진짜이고, 어느 놈이 가짜인지 가려줄 객관적 기준은 없을지도 모른다. 플라톤이 진짜와 가짜를 가르는 기준은 '그것이 이데아의 속성을 함유하느냐' 여부였다. 따라서 정치인의 진짜와 가짜를 가르는 객관적 기준이 없다는 얘기는, 곧 이데아가 존재하지 않는다는 얘기. 여기서 플라톤주의는 붕괴한다.

플라톤은 소크라테스와 같은 철인이 정치인의 이데아를 닮은 진짜라 생각했을 게다. 하지만 당시 대다수의 그리스인들은 그의 생각에 동의하지 않았다. 또 플라톤은 소크라테스야말로 진짜 철인이며 소피스트들은 사이비라 믿었을 게다. 하지만 그의 동시대인인 아리스토파네스는 그의 유명한 희곡 〈새〉에서 소크라테스를 소피스트의 대표로 제시한 바 있다. 만약에 진짜 철인과 가짜 철인을 가르는 객관적 기준이 존재하지 않는다면, 철학자의 이데아란 것도 존재하지 않는다는 얘기가 된다. 이로써 플라톤주의는 무너진다.

플라톤이 위대한 것은 그의 생각이 꼭 옳아서가 아니리라. 틀린 생각이라도 그 영향력은 심원하고 영원할 수 있다. 그리하여 21세기에도 이 플라톤주의로의 복고 취향이 존재한다. 가령 우리 사회엔 '좌파'에 등급을 매기는 이가 있다. A급 좌파는 모든 이들이 마땅히 닮아야 할 좌파의 모범상(이데아). 하지만 플라톤의 이데아가 그러했듯이 A급 좌파 역시 현실에는 존재하지 않는 이념상일 뿐이다. 혹은 플라톤에게 이상적 정치인이 아득한 황금시대에나 존재했듯이, A급 좌파는 아마도 저 멀리 혁명기에나 존재하지 않을까?

원본의 복제와 복제의 복제, 즉 참된 복제와 시뮬라크르를 구별하는 게 플라톤의 문제였듯이, 여기서도 문제는 A급을 실제로 닮은 B급 좌파와, 이 B급 좌파를 흉내 내는 C급을 솎아내는 것이다. C급 좌파는 실은 좌파가 아니다. 그들은 그저 시뮬라크르 좌파, 즉 사이비 진보로, 속으로는 좌파가 아니면서 겉으로는 좌파인 척하며 폴리스의 대중을 기만한다. 이 위장 자유주의자들은 '좌파'를 참칭하며 실제로는 진보운동 전체를 부르주아에 갖다 바치는 진보정치의 해악일 뿐이다. 대강 이런 논리다.

하지만 여기서도 다시 문제는 B급과 C급을 구별하는 게 쉽지 않다는 것. 가령 이제는 구태 정치인의 대명사가 된 이회창도 처음엔 '대쪽판사' 이미지를 가진 원칙주의자로 통했다. 노무현은 어떤가? 한때 그는 정치인의 이데아에 근접한 이로 여겨졌고, 아직도 많은 이들이 그렇게 생각한다. 하지만 모두가 그런 것은 아니다. 'B급 좌파'에게는 어차피 이명박이나 노무현이나 "그 밥에 그 나물"

이 아니던가. 상황이 이러할진대, 좌파 위정척사운동은 진보의 B급과 C급을 가르는 데에 이보다 더 객관적 기준을 사용하고 있을까?

오늘날 "나 혼자 이데아를 독점했다"고 주장하면 비웃음의 대상이 될 게다. 모두가 하나의 진리, 하나의 이데아를 공유한다면 좋겠지만, 가치관의 다양성을 허용하는 사회에서 그런 일은 좀처럼 일어나지 않는다. 민주주의는 '거짓말쟁이가 거짓말쟁이를 거짓말쟁이라 부름으로써 거짓말쟁이가 더 이상 거짓말쟁이가 아니게 되는', 혼란한 역설을 허용하는 체제다. 민주주의란 이 가치관의 혼란 속에서 제 입장을 상대화하면서도 제 견해를 관철시키려 드는 어떤 평등한 태도의 이름이리라.

이 혼란이 두려웠던 플라톤은 민주주의를 혐오했다. 그리스의 민주주의는 외려 플라톤이 솎아내려던 소피스트와 더불어 발달했다. 혼란을 두려워한 플라톤은 저 혼자 이데아를 보았다고 주장했다. 정치를 이데아의 속성을 분유한 철인들에게만 맡기려 했던 플라톤의 관념은 오늘날 '진보정당에 개나 소나 들어와서는 안 된다'는 좌파 철인정치론 속에 여전히 살아 있다. 진보의 이데아를 독점한 것처럼 구는 이들이 실은 진보의 시뮬라크르, 즉 플라톤 빰치는 반동으로 드러나는 역설. 흥미로운 반전이다.

# 소크라테스의 독배

## pharmakon

### '진짜'와 '가짜'를 가르고 솎아내려는 충동

플라톤의 대화편 〈파에드루스〉. 글쓰기의 본질을 논하는 이 유명한 텍스트에서 소크라테스는 대화편에 이름을 준 청년, 즉 파에드루스와 대화를 나눈다. 도시의 더위를 피해 시원한 야외로 나간 두 사람은 산책을 하다가 일리수스라는 곳에 이른다. 파에드루스가 '전설에 따르면 이곳이 아테네의 왕녀(오레이티아)가 북풍의 신(보레아스)에게 납치된 곳이 아니냐?'고 묻자, 소크라테스는 납치될 당시에 그녀가 '파르마키아'라는 친구와 함께 있었노라고 대꾸한다. 소크라테스는 왜 말할 가치도 없는 이 사소한 사실을 굳이 언급하는가?

데리다는 이를 우연으로 보지 않는다. '밖'에서 '안'으로 작용하는 액자(=파레르곤)처럼, 무관해 보이는 이 디테일이 실은 대화편(〈파에드루스〉) 전체를 관통하는 주제를 암시한다. 마침 일리수스에는 치유의 효능을 가진 샘이 있었는데, 그 샘은 예로부터 '파르마키아'라 불렸다. 이 때문일까? 오늘날 약국의 문에는 'pharmacy'라 적혀 있다. 여기서 알 수 있듯이 '파르마키아φαρμακεία'는 동시에 약을 제조하는 기술을 의미했다. 하지만 고대에 약을 조제하는 것은 종종 주술사의 일로 여겨졌기에, 그 말은 동시에 '사술邪術'을 가리키기도 했다.

'파르마키아'는 그와 별 관계없는 '파르마코스φαρμακός'를 연상시키기도 한다. 그리스에서는 기근이나 흉년과 같은 재앙이 있는 해에는 몇몇 사람을 폴리스 밖으로 끌어내 들판에서 돌로 쳐 죽이는 정화의식을 행했다. '파르마코스'는 그 의식의 희생양을 말한다. 파르마코스는 재앙의 원인이 된 이질적 요소를 폴리스 밖에서 안으로 끌어들인 자로 여겨졌다. 여기서 흥미로운 것은 폴리스 밖으로 추방당하려면 파르마코스가 먼저 폴리스 안에 있어야 한다는 점. 한마디로 그는 안에 있으면서 밖에 있는 자, 안에도 밖에도 속하지 못하는 자다.

'파르마코스'라는 말 자체에도 이중성이 있다. 플라톤은 '파르마코스(희생양)'라는 말을 직접 사용한 적이 없다. 그가 사용한 것은 그저 '파르마키아(제약술)-파르마콘(약물)-파르마키우스(주술사)'라는 말뿐이다. 하지만 이 낱말의 연쇄는 청각 연상에 따라 자연스레 '파르마코스'를 떠올리게 하고, 그로써 텍스트 '밖'의 파르마코스가 텍스트 '안'에 은밀히 간섭하게 된다. 아무리 자기완결적인 텍스트라도 이렇게 해석은 밖을 향해 열려 있기 마련이다. 〈파에드루스〉에서는 '파르마코스'라는 말이 안과 밖의 경계를 허무는 파레르곤parergon으로 기능한다.

데리다가 주목하는 것은 '파르마콘φάρμακον'의 중의성이다. 그것은 이미 파르마키아의 이중성('제약'과 '사술') 속에 예고되어 있다. 그리스어에서 '파르마콘'은 '치유'와 '독약'이라는 상반된 뜻을 갖는다. 번역자들은 문맥에 따라 이 말을 때로는 '치유'로, 때로는 '독약'으로 번역하곤 한다. 이 중첩이 어디 언어적 우연에 불과하겠는가? 약물은 제대로 사용하면 약이 되지만, 잘못 사용하면 곧바로 독이 된다는 것은 상식에 속한다. '파르마콘'이 동시에 긍정성('약')과 부정성('독')을 띠는 것은 약물 자체의 이중성에서 비롯된 것이라 할 수 있다.

〈파에드루스〉에서 파르마콘은 글쓰기의 은유다. 소크라테스가 소개하는 이집트의 신화에서 문자의 발명자 토트 신은 파라오 타무스 앞에서 문자의 효능을 자랑한다. "내 발명품은 기억과 지혜의 처방전(파르마콘)입니다." 하지만 파라오는 문자가 사람들을 게으르게 만들 것이라 나무란다. "그것은 기억의 치료가 아니라, 이미 발견한 것을 상기시키는 것에 불과해. 지혜에 관한 한, 그것으로 제자들에게 진리가 아닌 그것의 가상(억견)만 심어주게 될걸세." 여기서 글쓰기는 지성의 파르마콘—토트에게는 약, 타무스에게는 독—으로 나타난다.

타무스는 플라톤주의의 화신이다. 파라오는 '말하는 주체'다. 말이 그의 적자라면, 글은 그를 잃은 고아다. 말은 늘 파라오와 붙어 다니나, 글은 부재하는 파라오를 대리하기 때문이다. 말의 의미는 파라오의 존재 속에 현전present하나, 글의 의미는 그의 결핍을 통해 부재한다absent. 글을 경계하는 플라톤의 시각에서 서구의 사유를 지배해온 '음성중심주의', 혹은 '현전의 형이상학'을 볼 수 있다. 말과 글을 타무스와 토트, 부자父子에 비유한다면, 글은 위험하다. 그것은 말의 부재를, 아버지의 부재를 전제하기 때문이다. 글은 부친살해자다.

데리다는 말을 글 위에 올려놓는 플라톤의 위계를 무너뜨린다. 말이나 글이나 어차피 기호. 어느 것도 현전presence에 이르지 못한다. 플라톤은 글을 가리켜 파르마콘(독)이라 불렀지만, 소피스트들은 외려 말이야말로 파르마콘(독)이라 본다. 문제는 늘 사물을 둘로 갈라놓고 거기에 위계를 설정하려 드는 사고의 버릇이다. 글은 약이 될 수도 있고, 독이 될 수도 있다. 말도 마찬가지다. 그렇다면 보존해야 할 것은 긍정과 부정의 가능성을 동시에 지닌 '파르마콘' 자체, 즉 차이의 놀이를 통해 의미가 생성되는 장場, 그 자체일 것이다.

플라톤은 가짜/진짜를 가르고 가짜를 솎아내려 한다. 하지만 파르마콘의 이중성이 암시하듯이, 그게 그리 쉽지는 않다. 예를 들어 플라톤은 이성(로고스)으로 신화(미토스)를 대체해야 한다고 주장한다. 하지만 그러는 그 자신도 주요한 지점에서 이집트의 신화를 논거로 들지 않던가. 신화를 독으로 보는 그도 어느 순간 그것을 약으로 활용한 셈이다. 한편, 플라톤은 소크라테스를 공동체의 약으로, 소피스트를 공동체의 독으로 보았다. 하지만 아리스토파네스는 그의 희극에서 소크라테스를 가차 없이 소피스트의 범주 안에 집어넣는다.

여기서 극적 반전이 이루어진다. 플라톤은 가짜(시인, 논객)를 폴리스 밖으로 내쫓고, 소크라테스 같은 진짜(철인)에게 폴리스를 맡기려 했다. 하지만 정작 아테네 사람들은 소크라테스를 파르마키우스φαρμακεύς, 즉 사술을 펼치는 술사로 여겼다. 소크라테스는 결국 공동체 '안'에 해악을 들이는 자, 따라서 '밖'으로 추방되어야 할 자, 즉 파르마코스(희생양)가 되고 만다. (텍스트 밖에 있던 '파르마코스'가 어느새 텍스트 안에 들어와 있음에 주목하라.) 그리고 이 대목에서 역사에서 가장 유명한 파르마콘이 등장한다. 소크라테스의 독배!

**파르마코스**

소크라테스는 폴리스를 위해 약(진리)을 조제했지만, 동료시민들은 그것을 독(선동)으로 여겼다. 결국 자신이 조제한 파르마콘(약)이 글자 그대로 그의 마지막 잔을 채운 파르마콘(독)이 된 것이다. 그런 의미에서 소크라테스는 철학의 파르마코스, 자기 철학의 순교자다. 플라톤주의는 과거의 일이 아니다. '밖'에 있어야 마땅하나 '안'에 있는 자를 추방하려는 욕망, 세상을 '진짜'와 '가짜'로 가르고 가짜를 솎아내려는 충동은 플라톤의 철학만큼이나 오래된 사유의 습관이다. 데리다는 수천 년 묵은 그 정신의 고질병을 해체한다.

흔히 생각하는 것과 달리 안과 밖의 구별은 명확한 것이 아니다. 뫼비우스의 띠에서 안은 밖이 되고, 밖은 안이 된다. 진짜와 가짜의 경계도 마찬가지다. 삶이라는 이름의 무대에서 진짜는 가짜로 표변하고, 가짜는 진짜로 승화한다. 자신이 선이라 믿는 것은 자연스러운 일. 하지만 파르마콘은 약이면서 동시에 독이다. 보존해야 할 것은 파르마콘의 이 이중성, 즉 약이 동시에 독일 수도 있다는 인식이다. 이는 자신이 선이라 굳게 믿을 때조차도 사유 속에서는 늘 제 위험성에 대한 각성을 유지해야 함을 의미할 것이다.

자신이 선이라 믿는 것은 자연스러운 일.
하지만 파르마콘은
약이면서 동시에 독이다.

# 양들의 침묵

le nom du pére

## 논리를 초월한 사안은 '논'파가 불가능하다

새로운 문제가 아니다. 그전에도 민주노동당은 연평해전이나 북핵 문제 등 북한에 불리한 이슈에 관해서는 지금과 똑같이 애매한 입장을 취했다. 하긴, 당에 관한 정보를 북에 넘긴 혐의로 기소된 당내의 간첩을 제명하느니 차라리 당이 쪼개지는 것을 택했던 이들이 아닌가. 이번 사태가 과거와 한 가지 다른 게 있다면, 이번엔 울산 지역의 민노당에서 자신들을 비판한 경향신문을 상대로 절독운동을 벌였다는 것. 이 느닷없는 공격적 대응이 외려 민노당 전체를 '북한의 3대 세습에 대해 명확한 입장을 밝히라'는 범국민적 요구를 받는 수세에 몰아넣은 것이다.

**양들은 왜 침묵하나**

침묵의 옹호론에는 세 종류가 있다. 적극적으로 3대 세습이 옳다고 말하는 원리주의적 입장, 소극적으로 양심에 관해 침묵할 자유가 있다고 주장하는 기회주의적 입장, 그리고 다가올 대선의 야권 연대를 위해 문제를 덮자는 실용주의적 입장. 이 세 입장의 문제는, 사회적 비판에 따르는 논리적 일관성과 보편적 호소력을 포기한다는 데에 있다. 사실 그런 논리라면 이 세상에 정당화하지 못할 게 없을 게다. 가령 삼성의 경영권 세습도 "그들이 결정할 문제"일 것이며, 이른바 외교부 똥돼지들의 경우에도 "뽑아놓으면 더 잘할지도 모를 일"이 아닌가.

이른바 '종북'이냐 아니냐는 별로 재미없는 주제다. 공식화하는 게 남세스러울 뿐이지 이미 알 만한 사람은 다 아는 얘기니까. 흥미로운 것은, 인민의 대량 아사를 낳은 경제적 파탄과 봉건적 세습제로 회귀한 정치적 파국에도 불구하고, '왜' 그 체제에 대한 신뢰를 버리지 못하느냐 하는 것이다. 여기서 '왜'가 요구하는 답변은 논리적 성격의 것이 아니리라. 논리가 있다면, '논파'를 하면 될 일이나, 논리를 초월한 사안은 '논'파가 불가능하다. 한때는 그들을 논리적으로 설득할 수 있다고 믿었으나, 그 믿음이 얼마나 순진한 것이었는지 깨닫는 데에는 오래 걸리지 않았다.

가령 "정당은 북한의 세습에 침묵할 자유가 있다"는 주장에 "개인과 달리 공당에는 그런 자유가 없다"고 반박한다 하자. 그럼 이어서 이 주장을 반박하는 논거가 나와야 한다. 하지만 한겨레신문의 '왜냐면'란에 올라온 반론은, "정당은 북한의 세습에 침묵할 자유가 있다". 고장 난 녹음기처럼 똑같은 말의 반복. 이쯤 되면 정치가 아니라 개그다.("여우야, 여우야 뭐 하니?" "밥 먹는다." "무슨 반찬?" "밥 먹는다." "죽었니, 살았니?" "밥 먹는다.") 이렇게 의식의 차원, 담론의 영역에서 소통이 불가능할 경우, 그 원인을 찾아 무의식의 영역으로 내려가야 할 게다.

정신분석의 담론을 그리 좋아하지는 않으나, 때로는 그것밖에 설명의 틀이 없는 경우도 있다. 이 소식을 접하고 당장 떠오른 것은 '아버지의 이름le nom du pére'. 라캉에게서 이 개념은 의미작용을 비로소 가능하게 해주는 근원적인 기표를 가리킨다. 그것은 한 사람에게 정체성을 부여하여 그를 상징계의 질서 속에서 독자적으로 의미작용을 할 수 있는 '주체'로 만들어준다. 가령 민주노동당 부설 '새세상연구소'의 이사를 지내는 어느 교수님이 이 사태에 관해 올린 글을 보자. '아버지의 이름'은 한 주체로 하여금 이런 발언 행위를 가능하게 해준다.

> "그들은 원했든 원하지 않았든 세계 최강인 미국을 상대로 전쟁을 하고 있고, 이기게 되면 통일국가는 물론이고 세계혁명의 단초를 열게 될 것이다. 진다면 세계자본주의는 물론 다시 활력을 되찾을 것이고 모든 것은 지도자를 잘못 뽑은 때문으로 돌아갈 것이다. 지금 마지막 미국과의 최후 결전을 앞두고 전열을 가다듬으며 세대교체의 일환으로 20대의 청년대장을 옹립했다. (…) 북쪽에서 새로 지도자를 옹립한 것이 북의 민의를 제대로 반영한 것인지 안 한 것인지는 앞으로 전개될 미국과의 최후 결전에서 누가 승리하는가 여부에 따라 판가름 날

뿐이다."

이 발언이 황당하게 느껴지는 것은 그것이 우리 것과는 급진적으로 다른 체제의 상징계에 속하기 때문이다. 물론 그 체제에선 저게 사회적 상식의 행세를 할 게다. 1980년대에 많은 이들이 세계관이 형성되는 시기에 '주체사상'을 통해 저런 발언의 주체, 그야말로 '주체'(sic!)로 자라났다. 라캉에 따르면, 때론 실존 인물이 저 '아버지'의 역할을 대신한다. 북의 개인숭배는 이와 관련이 있다. '수령론'은 한마디로 몽매한 인민을 위해 추상적인 아버지를 구체적 아버지로 의인화한 것. 그 상징계 안에서 언어능력을 습득한 이들은 당연히 세습의 문제점을 이해 못한다.

라캉의 언어놀이는 '아버지의 이름le nom du pére'을 동음이의어인 '아버지의 금지le non du pére'와 연결시킨다. 예를 들어 '아버지의 이름'으로 선포된 모세의 십계명은 대부분 금지로 이루어져 있다. '살인하지 말라.' '도둑질하지 말라.' '간음하지 말라.' '네 이웃의 재물을 탐내지 말라.' 하지만 이것들보다 앞선 상위 계명은 아버지를 배신하거나 그의 권위에 도전하지 말라는 것이다. '나 이외의 다른 신을 섬기지 말라.' '우상숭배를 하지 말라.' '내 이름을 망령되이 일컫지 말라.' 이 원시 유대사회의 계명은 '아버지의 이름'을 원형 그대로 보여준다.

3대 세습에 대한 침묵은 이 '아버지의 금지'와 연관이 있을 게다. 2008년 민주노동당의 한 당직자가 당내 상황을 북한에 정기적으로 보고하다가 적발된 사건이 있었다. 당연히 당 대회에는 그를 제명하자는 안건이 올라왔다. 당시 나는 당의 주류가 결국은 간첩 혐의자의 제명에 동의할 거라 예상했다. 안 그러면 당이 둘로 쪼개질 텐데, 누가 그런 정치적 위험을 무릅쓰려 하겠는가? 하지만 그들은 예상을 깨고 간첩 혐의자를 제명하느니 차라리 당이 깨지는 쪽을 택했다. 이를 지켜보며 내심 충격을 받았다. 이 비합리적 집착을 과연 어떻게 이해해야 할까?

그 당직자는 그들이 관념적으로 속해 있으나, 지리적으로는 떨어진 또 다른 상상계와 연결해주는 끈이었으리라. 그를 제명하는 것은 곧 그 끈을 자르는 것을 의미한다. 하지만 그 상상계는 그들에게 정체성을 부여하여 그들을 의미작용의 주체로 만들어주는 그것. 따라서 그 끈이 끊어지는 것은 그들에게 정체성의 위기를 의미했을 게다. 그들이 느닷없이 경향신문 절독운동을 벌인 것도 같은 맥락에서 봐야 한다. 상식을 넘어선 그들의 과도한 대응. 그것은 아버지의 이름을 망령되이 일컫는 데에 대한 자식의 모욕감이라는 맥락에서 읽을 때 이해가 될 것이다.

문제는 '아버지의 이름'이 발휘하는 역할. 그것 없이는 상징계, 상상계, 실재계를 이어주는 고리가 사라져 주체는 강박증에 빠진단다. 그들의 집착은 여기에 저항하기 위한 처절한 몸부림일까? 아버지를 버린다면, 그들은 정체성을 잃고 아예 정치적 의미작용의 주체로 남을 수 없다. 그나마 아버지가 있어 위에 인용한 저런 수준의 언설 활동이라도 하는 거다.

이것은 담론으로 논파할 논리적 담론의 문제가 아니다. 해법은 아버지를 바꾸는 것이나, 아버지의 금지le non de pére의 최고 계명은

"나 이외의 다른 신을 섬기지 말라". 진정한 어려움은 여기에 있다.

# 6

# 정치신학

깜깜한 밤하늘이 불꽃놀이의
이상적 조건인 것처럼,
상상력이 풍부한 이들에게
텔로스의 사라짐은 외려 축복이다.

유물론자의 신학materialist theology

불꽃놀이apparition

묵시론apocalypse

# 유물론자의 신학

materialist theology

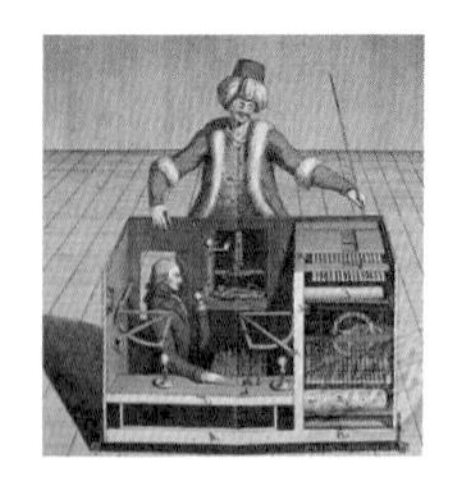

유토피아는
은밀히 작동해야 한다
마치 촉매처럼

슬라보예 지젝의 〈시차적 관점〉을 읽다가 '유물론적 신학'이라는 표현을 만났다. 신학과 유물론의 모순적 결합을 지젝은 이렇게 정당화한다.

> "데리다는 (…) 오늘날에는 오직 무신론자들만이 기도를 할 것이라고 지적한다. 이 수사법에 반하여 우리는 신학자들만이 유일하게 진정한 유물론자라는 라캉의 주장이 가진 진리를 주장해야 한다."

이 역설은 일상적인 것이다. 사실 돈의 전능을 인정하는 강남 부자 교회의 목사들이야말로 진정한 유물론자이며, 세상엔 돈보다 중요한 게 있다고 믿는 좌파들이야말로 진정한 관념론자가 아닌가.

하지만 이 흥미로운 모순의 저작권은 사실 지젝이 아니라 발터 베냐민에게 돌아간다. 흔히 '역사철학테제'라 불리는 베냐민의 에세이 〈역사의 개념에 관하여〉에는 아직까지도 학자들 사이에 분분한 해석을 낳는 베냐민 특유의 알레고리들이 등장한다. 대표적인 것이 바로 파울 클레의 그림과 함께 등장하는 우울한 역사의 천사, '앙겔루스 노부스'. 하지만 그에 못지않게 중요하고 또 아리송한 것이 바로 〈역사철학테제〉의 서두에 등장하는 자동인형의 알레고리다.

"널리 알려지기를 상대가 수를 두면 맞수를 두어 늘 승리하도록 만들어진 자동인형이 있었다. 터키 옷을 입고 수연水煙 파이프를 입에 문 인형이, 커다란 테이블 위에 놓인 체스 판 앞에 앉아 있다. 테이블은 거울 시스템을 이용하여 안이 비어 있는 것처럼 보이나, 실은 그 안에 체스에 능한 등 굽은 난쟁이가 들어앉아 끈으로 인형의 손을 조종한다. 철학에서도 그런 것을 상상할 수 있을 것이다. 사람들이 '사적 유물론'이라 부르는 인형은 늘 승리해야 한다. 그 누구와도 싸워서 이기려면 그것은 신학의 힘을 빌려야 하나, 오늘날 신학은 왜소하고 추해져서 들여다보여서는 안 된다."

그 난쟁이의 이름을 베냐민은 '신학'이라 부른다. 그 누구와도 싸워 이기기 위해 과학적 유물론은 신학의 도움을 받아야 한단다. 이게 무슨 뜻일까? 지젝의 책에서 '유물론적 신학'이라는 표현과 마주치는 순간, 불현듯 내가 5, 6년 전에 어느 인터넷 게시판에 올렸던 글이 떠올랐다. 자기 인용을 통해 그리로 다시 돌아가보자.

이 알레고리에서 등 굽은 난쟁이, 즉 '신학'은 곧 유토피아의 철학을 가리킨다. 유토피아적 발상이 없었다면, 세상은 오늘날 우리가 가진 것만큼 발전하지 못했을 것이다. 하지만 우리는 또한 몇몇 몽상가의 유토피아가 세상을 디스토피아로 만들어버린 경험을 갖고 있다. 여기서 유토피아는 있어야 하되, 동시에 있어서는 안 된다는 역설이 성립한다. 이를 어떻게 해결해야 할까? 베냐민의 자동인형은 바로 그 해결책으로 제시된 것이리라. 즉 난쟁이(유토피아)는 실제로 작동해야 하나, 그의 작업은 결코 겉으로 드러나서는 안 된다.

역사의 텔로스telos, 즉 인류의 최종 목적이 되는 이상사회를 그려놓고 현실을 강제로 그리로 옮긴다는 발상은 시대착오다. 우리는 이미 '역사이후posthistoire'에 살고 있기 때문이다. 하지만 그러면서도 유토피아를 포기할 수는 없다. 우리가 현실로 누리는 것이 한때는 실현 불가능한 이상이었기 때문이다. 바로 그 때문에 이상사회의 꿈은 존재해야 하되 동시에 존재해서는 안 되는 것이다. 다시 말해 우리가 터키 인형이 되어 하는 말, 쓰는 글, 하는 행동은 유토피아의 열망에 조종되어야 하나, 그 꿈 자체는 난쟁이처럼 가려져 있어야 한다.

과거의 유토피아는 완성태로 존재했다. 어떤 이들은 이 설계도를 그대로 현실로 옮기려 했다. 하지만 오늘날 '유토피아'가 아직 살아 있다면, 그것은 존재하면서 부재해야 한다.(데리다라면 '존재하는 동시에 부재하면서' 작동하는 이것을 '디페랑스'라 부를지도 모르겠다.)

우리가 터키 인형이 되어 하는 행동은
유토피아의 열망에 조종되어야 하나
그 꿈 자체는 난쟁이처럼 가려져 있어야 한다.

그것이 어떻게 가능하냐고? 존재하면서 부재하는 것은 과학적으로도 가능한 현상이다. 가령 촉매를 생각해보라. 화학반응에서 촉매는 그 자체론 화학적 결합물에 들어가지 않으나 그것 없이는 화학반응이 일어날 수 없다. 유토피아는 촉매와 같은 것이어야 한다.

내가 좌파 바바리맨을 싫어하는 것은 그 때문이다. 21세기에 여전히 긍정적 유토피아 문학을 하는 그 지적 게으름도 맘에 안 들지만, 대중 앞에 옷 홀딱 벗고 빨간 자지, 노란 자지 심판하는 행태는 내 성 취향을 심히 거스른다. 현실은 무섭게 돌아가는데, 거기에 결합될 생각은 하지 못하고, 제 자지 색깔의 원색성을 근거로 남들에게 '자유주의자'니, '쁘띠 부르주아'니 딱지나 붙이는 것은 그냥 중세적 악습일 뿐이다. '종교재판inquisition'의 어원은 라틴어 1인칭 '내가 묻노라inquisitio', 즉 남의 신앙적 정체성을 묻는 질문이었다.

언어 게임에서 '유토피아'가 하는 역할을 정확히 이해해야 한다. 역사에 텔로스는 존재하지 않는다. 하지만 그렇다고 현실에서 어떤 정치적 목적을 설정하는 것 자체가 불필요하거나 불가능한 것은 아니다. 유토피아는 구체적으로 터져 나오는 사안을 판단하는 데에, 나아가 사안에 대처하는 대안을 만드는 데에 은밀히 작동해야 한다. 마치 촉매처럼. 이번 2010년 선거를 통해 이루어진 무상급식을 생각해보라. 그것은 사실 그리 급진적인 요구가 아니나, 평등사회의 유토피아를 향한 중요한 한 걸음이 아니던가.

우리는 결코 유토피아에 도달할 수 없다. 그것은 '아무 데도 없다'를 의미하는 그 낱말의 뜻 속에 이미 함축되어 있다. 우리는 거기에 그저 무한히 근접할 수만 있을 뿐이다. 그것도 현실에서 유리된 실험실 속에서 사유하는 한두 사람의 레토르트 몽상을 통해서가 아니라, 개별적이고 구체적인 문제들을 가지고 씨름하는 수많은 사람들의 이론과 실천을 통해서. 유토피아를 그림에 비유하자면, 그것은 삶에서 유리된 정치적 수도원에 사는 몽상가들이 그리는 유화 작품이 아니다. 그것은 삶을 사는 수많은 이들의 꿈의 조각으로 이루어진 퍼즐이다.

불행히도 우리는 지금 우리가 추구하는 유토피아의 모습을 보지 못한다. 하지만 언젠가 오랜 세월이 지나 되돌아보면 우리의 꿈이 이미 실현되어 있음을 비로소 깨닫게 될 것이다. 유토피아의 모습은 한 몽상가의 '비전' 속에서 미리 보이는 것이 아니라, 먼 훗날 투쟁하는 세대의 집단적 꿈속에서 '기억'으로 뒤늦게 현현하는 것이다. 유토피아라는 이름의 난쟁이는 거울의 반사를 이용해 등을 구부리고 책상 속에 숨어야 한다. 현실에서 우리는 은밀히 그의 조종을 받는 터키 인형이 되어야 한다.

유물론적 과학이 왜 신학의 조종을 받아야 하는가? 그것은 유토피아의 실현이 과학으로 대체할 수 없는 세속 종교적 신앙, 과학으로 설명할 수 없는 비합리적 열정을 요구하기 때문이다. 지젝은 말한다. "신학적 차원—베냐민에 따르면 이것 없이는 혁명이 승리할 수 없다—이 바로 충동 과잉의 차원, '지나치게 많음'의 차원이 아닌가?" 사실 광적인 예수쟁이들의 문제는 열정의 과도함에 있는 게 아니다. 그 열정을 시도 때도 없이, 아무 데서나, 아무한테나 드러내는 데에 있다. 이는 좌파 신학자들의 경우도 마찬가지다.

신학은 타인을 심판하는 기준이 아니라, 자기를 움직이는 동력이어야 한다. 목소리 높은 좌파들이 번번이 그들이 '주사파'라 경멸하는 이들에게 패배하는 이유도 여기에 있다. 이른바 '좌파'에게 부족한 것은, 홍세화 선생이 지적했듯이, 자기를 움직이는 열정이다.(지젝은 이를 프로이트-라캉의 '충동'으로 해석한다.) 또 다른 이유가 있다면, 이른바 '주사파'들은 자기의 난쟁이를 감춰놓고 터키 인형으로 행동할 줄 안다는 것이리라. 불행한 것은, 그 훌륭한 습성이 심오한 철학적 이해가 아니라 국가보안법의 현존에서 비롯되었다는 것뿐이다.

# 불꽃놀이

apparition

어두운 현실에
불꽃놀이를 그리는
창조의 능력

필리핀에서 가톨릭은 국교나 다름없다. 관광객에게는 이 나라가 그저 도덕적으로 방탕한(?) 여느 휴양지처럼 보이겠지만, 현지인들과 대화를 나눠보면 그들의 삶에서 종교가 발휘하는 역할에 놀라게 된다. 현대사회의 신도들이야 세속적 삶과 종교적 삶을 비교적 분명하게 구별해놓고, 후자에게 일주일의 하루를 할당하여 '주일'이라 부르는 정도일 것이나, 필리핀에서 종교는 그 이상의 의미를 갖는다. 열심히 교회에 다니는 신도들은 말할 것도 없고, 제법 세속적인 사람들의 몸속에도 가톨릭의 도덕이 삶을 조직하는 원리로 들어앉아 있다.

가톨릭은 필리핀 사회의 '슈퍼에고'다. 천주는 아마 필리핀 사람들을 당신의 가장 충직한 자식으로 여길 것이다. 그들은 '아버지의 금지'를 결코 억압으로 생각하지 않는다. 예를 들어 이곳에서는 부활절 때마다 산 사람을 십자가에 매다는 퍼포먼스가 행해진다. 누가 그 고행을 사서 하겠나 싶겠지만 해마다 자신을 매달아달라고 자원하는 사람들이 줄을 선단다. 그나마 요즘은 행사가 십자가에 팔다리를 묶는 정도로 그치나, 과거에는 정말로 손과 발에 대못을 박아 십자가에 달았다고 한다. 슈퍼에고와 아예 하나가 되고 싶은 열망이랄까?

우연히 길에서 '파티마'라는 이름의 조그만 예배당을 발견했다. 파티마는 스페인의 시골 마을로, 백여 년 전 성모가 아이들에게 직접 나타나셨던 곳. 가톨릭교회에서는 이를 공식적 '기적'으로 보는 모양이나, 의심 많은 도마는 그 사건에서 그저 정신분석의 사례를 볼 뿐이다. 제 삶을 조직하는 도덕이 아버지나 어머니의 형상으로 자기 앞에 나타난다. 얼마나 황홀한가? 현대에 들어와 그것은 아이들의 체험이 되었지만, 몇 세기 전만 해도 다 큰 어른들(성자와 성녀들)이 제 앞에 나타난 신을 보고 엑스터시에 빠지곤 했었다.

이렇게 신이 인간 앞에 모습을 드러내는 것을 '현현apparition'이라 부른다. 구약시대에는 신이 인간에게 나타나는 일이 잦았다. 대표적인 장면은 아마도 모세가 시내 산에서 십계명을 받는 장면일 게다. 물론 유태의 신은 시각적 형상이 되기를 거부했기에, 그 누구도 그의 모습을 직접 보지는 못했다. 모세도, 사무엘도 그저 그의 음성을 들었을 뿐이다. 하지만 신은 인간들에게 다른 형상을 보내 자신의 존재를 확신시키곤 했다. 가령 아브라함에게 그는 천사들을 보냈고, 에스겔 선지에게는 오늘날의 UFO를 닮은 괴상한 형상을 보내주었다.

신은 갖가지 이적을 통해 인간들에게 제 존재를 그려내곤 했다. 가령 파라오에게 재앙을 내리고, 애급에서 나온 이스라엘 백성들을 위해 홍해를 가르고, 풍악 소리에 여리고의 성벽이 무너져내리게 했다. 하지만 신약시대에 들어오면 사정이 달라진다. 신은 좀처럼 인간에게 모습을 드러내지 않는다. 물론 신약에도 예수가 세례를 받을 때에 하늘에서 음성이 들려왔다거나, 다락방에 모인 제자들에게 뱀의 혀처럼 날름거리는 성령의 불을 내렸다는 얘기는 있다. 하지만 이것과 그밖의 몇 가지 예를 제외하면 신약의 야훼는 숨은 신이나 다름없다.

구약과 신약의 시대에 '현현'은 공동체 전체의 '객관적' 체험이었다. 이스라엘 백성은 사막에서 야훼가 보낸 불기둥을 함께 보았고, 야훼가 내린 만나를 함께 먹었다. 예수가 세례를 받는 자리에 있던 사람들은 하늘에서 들려온 음성을 함께 들었을 것이다. 하지만 근대의 교회사에 기록된 성자와 성녀들의 엑스터시 체험은 실은 그들 자신만의 내밀한 '주관적' 체험이었다. 한마디로 그것들은 심리적 사건들이다. 근대에 들어오면, 머리가 다 자란 자식들 앞에서 창피했던지, 신은 오직 자신의 존재를 굳게 믿는 자식들에게만 은밀히 모습을 드러낸다.

철학자 아도르노는 현현의 개념을 종교적 맥락에서 세속적 맥락으로 옮겨놓는다. 현현은 유토피아의 급작스런 나타남이다. 아도르노는 그것을 불꽃놀이에 비유했다. 밤하늘을 수놓는 꽃불은 황홀하나 그 생명이 아쉬울 정도로 짧다. 가끔 꽃불이 사라지지 않고 그 자리에 계속 남아 있었으면 좋겠다는 생각도 드나, 그럴 경우엔 까만 밤하늘이 온통 꽃불의 낙서들로 지저분해질 것이다. 꽃불의 아름다움은 외려 그것이 덧없다는 데에서 나온다. 아도르노에 따르면 유토피아는 잠깐 나타났다가 이내 사라지고 마는 꽃불과 같은 것이어야 한다.

아도르노의 꽃불은 물론 한때 '사회주의'라 불리던 근대의 유토피아를 가리킨다. 당시 사람들은 사회주의를 타블로tableau와 같은 그림으로 생각하고는 사회를 거기에 맞추어 뜯어고치려 했다. 그 발상은 금방 역사적 오류로 드러났다. 이미 현실사회주의가 무너지기 오래 전에 (적어도 스탈린-히틀러의 불가침 조약을 목격한 이후에는) 유럽의 지식인들 사이에서 사회주의라는 신학은 더 이상 대놓고 자랑할 만한 것일 수 없었다. 인간의 역사에 마구 개입하다가 모습을 감춘 신처럼 사회주의적 유토피아는 자동인형 속에 숨은 난쟁이가 되어야 했다.

오늘날 자본주의의 대안이라며 이상사회의 완성된 그림을 제시한다면, 아마 비웃음거리가 될 것이다. 그렇다고 유토피아를 포기할 필요는 없다. 외려 자본주의가 세계적 승리를 구가할수록 사회주의의 이상은 더욱 더 절실하다. 광야에 외치는 소리가 있어 말하기를, "사회주의적 상상력을 억압하지 말라". 내 말이 그 말이다. '자칭' 좌파들의 가장 큰 문제는 상상력의 빈곤, 즉 '국유화'라는 낡은 구령에 맞춰 제자리걸음만 하는 지적 태만이다. 오늘날 사회주의가 존재한다면, 그것은 어두운 현실에 불꽃놀이를 그리는 창조의 능력이어야 한다.

부정신학이라고 해야 할까? 신은 존재하지 않아도 동시에 존재할 수 있다. 신이 인간의 앞에 나타나지 않아도 종교는 기능할 수 있다. 사회주의 신학도 마찬가지다. 신은 이미 오래 전에 숨어버렸다. 이상사회의 그림을 보지 않고 어떻게 사회주의자가 될 수 있냐고? 유럽인들도 한때는 형상금지의 계율, 즉 신이 형상 없이 존재한다는 교리를 이해하는 데에 어려움을 겪었다. 하지만 오늘날 그들은 그것을 당연히 생각한다. 독실한 기독교인이 되기 위해서 정말로 파티마에서 성모가 애들 앞에 나타났다고 믿어야 하는 것은 아니다.

역사의 종점에 사회주의가 도래하리라는 말씀은 구약이, 낡은 약속이 되었다. 이렇게 신이 모습을 감추자 새로운 종파가 등장했다. 이들은 신이 존재하는지는 모르지만 사탄이 존재하는 것만은 확실하다고 말한다. 즉 사회주의가 가능할지는 모르나 적어도 자본주의가 악이라는 것은 확실하다며, 이들은 신앙의 새로운 기준을 세운다. '신자유주의에 반대하는 자만이 진정한 사회주의자다!' 이 얼마나 역설적인가? 이들이 믿는 것은 신의 존재가 아니라 사탄의 존재다. 이 모두가 정치적 상상력의 빈곤에서 비롯되는 해프닝이다.

사회주의의 낡은 그림이 사라진 것은 외려 다행스러운 일이다. 카메라로 인해 회화가 할 일이 사라졌을 때, 예술은 현실의 모사에서 벗어나 다양해질 수 있었다. 이스라엘 백성을 이끌던 불기둥이 사라진 것이 상상력이 빈곤한 이들에게는 악몽일지 모르겠다. 하지만 깜깜한 밤하늘이 불꽃놀이의 이상적 조건인 것처럼, 상상력이 풍부한 이들에게 텔로스의 사라짐은 외려 축복이다. 오늘날 사회주의자는 제 머릿속의 관념을 영원한 목표로 강요하는 종교 재판관이 아니라, (아주 잠깐이나마) 저마다 밤하늘에 자기의 꽃불을 그리는 예술가여야 한다.

# 카페 볼테르의 레닌

apocalypse

오늘날 좌파가
부활시킨 신학은
사실상 아나키즘이다

"우리가 취리히 슈피겔가세 1번지에 카바레 볼테르를 갖고 있었을 때, 그 맞은편, 그러니까 슈피겔가세 6번지에, 내가 틀리지 않는다면, 울랴노프 레닌이 살고 있었다. 그는 매일 저녁 우리의 음악과 소음을 들었음에 틀림없다. 그가 그것들을 즐겼을지, 혹은 거기서 뭔가를 취했을지는 모르겠다. 그리고 우리가 반호프슈트라세에 갤러리를 열었을 때, 그는 혁명을 일으키기 위해 페테르부르크로 갔다. 표시와 제스처로서 다다이즘은 볼셰비즘의 반대일까?"

다다이즘의 창시자 후고 발Hugo Ball의 〈시대로부터 비행 : 다다 일기〉를 읽다가 우연히 발견한 구절이다.

1916년 유럽은 일차대전의 소용돌이에 빠져 있었다. 이성의 진보가 결국 기계화한 대량 살상으로 이어지자, 유럽대륙은 '부르주아 사회의 종말이 가까워졌다'는 염세적 분위기에 사로잡힌다. 이때 전쟁을 혐오하는 일군의 예술가들이 중립국인 스위스의 취리히로 모여든다. 자신을 '다다이스트'라 칭한 이들은 매일 저녁 '카바레 볼테르'에 모여 광기에 가까운 도발적인 퍼포먼스로써 부르주아 사회의 모든 것을 조롱했다. 그 난장이 벌어지던 건너편에선 러시아의 한 혁명가가 이들과 마찬가지로, 그러나 이들과는 다른 방식으로, 부르주아 사회를 전복할 계획을 짜고 있었다.

혹시 레닌이 카바레 볼테르에 들러 다다이스트들과 어울리지는 않았을까? 지젝은 레닌의 예술적 취향이 상당히 고전적이었다며 그 가능성을 부인한다. 게다가 다다이스트들은 대부분 아나키 성향을 갖고 있었다. 다다의 또 다른 대표자 트리스탄 차라의 이름은 '국가 속에서 슬프다'는 뜻. 이들이 국가를 없애기 위해 더 강력한 국가를 세우자는 볼셰비즘의 주장에 동의했을 것 같지도 않다. 다다이즘과 볼셰비즘은 기존 질서의 파괴라는 목표를 공유했지만, 철의 규율로 무장한 혁명가와 자유분방한 예술가들 사이에는 건널 수 없는 심연, 혹은 지젝의 표현을 빌리자면 '시차'가 존재한다.

혹시 레닌이 다다이스트와 논쟁을 벌인 적은 없었을까? 역사적으로 그랬다는 기록은 없다. 다만 발레리우 마르쿠라는 루마니아 시인이 취리히에서 우연히 레닌과 논쟁을 벌였다는 얘기가 전해진다. 청년이 레닌에게 묻는다. "원칙적으론 전쟁에 반대하지 않는다고요? 당신이 볼셰비키라서 전쟁 자체에 반대할 줄 알았는데요. 모든 전쟁에 반대하지 않으면 저마다 전쟁할 이유를 들이대지 않을까요?" 그러자 레닌이 대답한다. "확실히 난 충분히 급진적이지 않아요. 아마도 우리는 결코 충분히 급진적일 수 없을 거예요. 그러니 우리는 현실 자체만큼 급진적이려고 노력해야 해요."

레닌이 제 입으로 '충분히 급진적'이지 않다고 말하는 게 인상적이다. 레닌이 카바레 볼테르에 갔다면, 거기서도 같은 얘기를 하지 않았을까? 다다이즘과 볼셰비즘의 차이는 거칠게 말하면 아나키즘과 공산주의의 차이에 해당할 것이다. 19세기 아나키즘의 중요한 특징은 묵시록적 세계관이었다. 웹스터 사전은 묵시론을 '임박한 우주적 재앙 속에서 신이 악의 지배 세력을 파괴하고 의로운 자들을 메시아의 왕국에서 부활시킨다'는 믿음으로 규정한다. 이 정의에서 니체에게 사망선고를 받은 '신'의 자리에 '혁명'이나 '예술'을 넣으면, 아나키즘(정치)과 다다이즘(예술)의 사유가 얻어질 것이다.

한편, 마르크스주의는 자신을 '과학적' 사회주의로 이해했다. 실제로 그것은 자본주의에 대한 정교한 과학적 분석을 토대로 하고 있다. 그 때문에 그 이면에 존재하는 신학적 성격은 감추어지곤 했다. 하지만 사실을 말하자면 마르크스주의 역시 묵시록적이다. 그것 역시 '임박한 우주적 재앙(세계혁명) 속에서 악(부르주아)의 지배를 파괴하고 의로운 자들(인민들)을 메시아의 왕국(공산주의사회)에서 부활시킨다'는 목표를 갖고 있지 않은가. 이 때문에 움베르토 에코는, 다소 짓궂게 들리지만, 마르크스주의를 "트리에르 지방(마르크스의 고향)에서 발생한 묵시론의 일파"라 부르기도 했다.

흔히 사도요한이 쓴 것으로 (잘못) 알려진 묵시록은 원래 집단적 좌절의 산물이다. 그것은 AD 100년 경 악의 왕국(로마제국)이 나날이 승리하는 것을 무력하게 지켜보면서 초기 기독교인들이 느꼈던 절망의 결정체다. 오늘날 사회주의자들도 나날이 승리하는 자본주의 앞에서 비슷한 상황에 처한 것처럼 보인다. 자본주의 몰락의 과학적 필연성이 허구로 드러난 이상, 남은 기대는 하나, 즉 자본주의 몰락의 신학적 필연성에 대한 믿음뿐이다. 이로써 한때 과학이었던 사회주의는 신학이 된다. 최근 방한한 테리 이글턴이 느닷없이(?) 기독교의 가치를 옹호한 것은 그 때문이다.

이글턴이 아리스토텔레스를 들먹이며 '도덕' 재무장 운동을 하는 것은 초점이 많이 빗나간 얘기다. 최근 좌파들 사이에 부활한 신학은 '도덕'이 아니라 '묵시론'이기 때문이다. 그가 예로 든 아감벤, 바디유, 지젝 등의 좌파신학은 이글턴이 '마르크스주의 랍비'라 부른 발터 베냐민(〈역사철학테제〉와 〈폭력비판론〉)에서 유래한 것이다. 그 글을 쓰던 시절 베냐민의 상황도 파트모스 섬의 요한과 다르지 않았다. 불의를 이기는 정의도 결국 불의로 전락한다. 이 '신화적 폭력'의 악순환을 끊고 최종적 정의를 이룰 '신적 폭력'에 대한 기대. 베냐민은 자신의 좌절을 메시아적 열망으로 빚어냈다.

앞에 인용한 논쟁에서 레닌은 청년의 이상주의에 현실주의로 응대한다. 그것은 아직 이상사회(공산주의)의 도래를 '현실적' 가능성으로 간주했기 때문일 게다. 적어도 레닌에게 자본주의가 멸망한다는 것은 종말론적 '염원'이 아닌, 정치경제학적 '필연'이었다. 즉 자본주의는 '행동에 의한 선동'이라는 파토스에 의해 관념적으로 무너지는 게 아니라, 자체의 모순(프롤레타리아)에 의해 현실적으로 무너진다는 얘기. 하지만 오늘날, 인류를 이상사회로 이끌 과학적 이행 전략은 사라졌다. 그러자 레닌의 후예들에게 남은 것은 묵시론의 파토스. 여기서 코뮤니즘은 갑자기 아나키즘과 비슷해진다.

오늘날 좌파가 부활시킨 신학은 사실상 아나키즘이다. 그것은 '도덕'이라기보다는 '예술'의 정치에 가깝다. 아나키스트들은 '파괴가 곧 창조'라 믿었다. 공교롭게도 이는 현대예술의 미학을 빼닮았다. 모더니즘 예술은 앞 시대의 가치와 규범을 가차 없이 파괴했지만, 그 파괴는 동시에 창작이었다. 가령 예술 자체를 부정한 뒤샹의 '변기'는 20세기 최고의 작품으로 꼽히지 않는가? 마찬가지로 사회에서 권위주의를 파괴하는 것은 그 자체로 새로운 인간관계를 창조하는 것이다. 파괴한 다음에 건설할 것이 따로 있는 게 아니다. 파괴 다음에 건설해야 할 유토피아의 그림이 있어야 하는 것은 아니다.

아포칼립스 나우apocalypse now. '탈주'든, '거절'이든, 일상에서 일으키는 조그만 종말론적 파국이 체제의 급진적 전복일 수도 있다는 믿음. 이것이 부활한 신학의 새로운 묵시론이다. 베냐민은 '역사' 자체를 끝낼 우주론적 파국을 기대했지만, 오늘날 좌파들은 '지금, 여기'에서 그 묵시론을 실현하려 한다. 유물론적 신학은 한마디로 코뮤니스트가 받는 아나키즘의 세례다. 아니면 울랴노프 레닌과 트리스탄 차라를 하나로 합친 합성사진? 아무튼 지젝은 레닌이 카바레 볼테르에 드나드는 것이 개연적이지 못하다고 말하나, 오늘날 레닌은 카바레 볼테르에서 다다이스트들과 썩 잘 어울린다.

# 7

# 저항의 미학

오늘날 세계를 바꾸려는 사람은
'전혀 다른 세계관과 가치관을 가졌어도,
그들과 내가 같이 할 수 있는 일이 있다'는
전제에서 출발해야 한다.

**부정**versagung

**탈주**fuite

**아이러니**irony

**유령론**hantologie

# 바틀비라는 구세주

versagung

나는 그렇게 하지
않는 것을 선호한다

〈필경사 바틀비〉(1853)는 월 스트리트에 개업한 변호사의 눈에 비친 한 인물의 기이한 언행을 담은 허먼 멜빌의 단편이다. 이미 두 명의 필경사를 데리고 있던 변호사는 늘어나는 업무를 감당할 수 없어 새로운 필경사를 고용한다. 바틀비라는 이름의 이 새 직원은 차분한 성격으로 엄청난 양의 업무를 훌륭히 처리하는 능력을 보여준다. 하지만 언제부터인가 바틀비는 변호사가 맡기는 일들을 하나씩 하나씩 거절하더니, 나중에는 그가 시키는 모든 일을 거절하고 사무실에서 빈둥거리기 시작한다.

흥미로운 것은 일을 거절하는 방식. 통상적인 거절의 문법은 이것이다. "나는 그렇게 하는 것을 선호하지 않습니다I would not prefer to." 하지만 바틀비는 늘 이렇게 말하곤 했다. "나는 그렇게 하지 않는 것을 선호합니다I would prefer not to." 한마디로 그는 일하는 것을 '부정'하는 게 아니라, 일하지 않는 것을 '긍정'했던 것이다. 화자는 바틀비가 왜 이런 기이한 언행을 하는지 이해하려 하나 끝내 그 이유를 찾지 못하고, 그러면서도 차마 바틀비를 내치지 못한다.

어느 날 밤늦게 자신의 사무실을 찾은 변호사는 바틀비가 아예 거기에 들어와 살고 있음을 알게 된다. 묘한 호기심과 동정심으로 인해 그를 내치지 못한 변호사는 바틀비를 거기에 남겨둔 채 자신이 이사를 나간다. 문제는 그 다음. 어느 날 새 주인이 변호사를 찾아와 도움을 요청한다. 새 주인이 입주한 후에도 바틀비가 퇴거를 거부한다는 것이다. 결국 강제로 건물 밖으로 쫓겨났지만, 바틀비는 낮에는 계단에 앉아 있다가 밤에는 건물 현관에서 잠을 자는 생활을 계속해나간다.

도대체 왜 그러는지 알고 싶어 그를 식사에 초대하나, 돌아온 답은 '그렇게 하지 않는 것을 선호한다'는 특유의 거절. 얼마 후 변호사는 바틀비가 결국 방랑죄로 체포되어 감옥에 갇혔다는 소식을 듣는다. 감옥으로 그를 찾아간 변호사는 간수에게 뇌물을 주어 바틀비에게 좋은 음식을 충분히 제공하도록 조치하나, 이 마지막 호의 역시 그의 거절에 부닥친다. "나는 그렇게 하지 않는 것을 선호합니다." 감옥에서 살지 않는 것을 선호했던 바틀비는 음식을 끊고 거기서 굶어죽는다.

이 이야기는 프란츠 카프카, 혹은 사뮈엘 베케트의 세계를 연상시킨다. '월 스트리트'라는 배경으로 표상되는 자본주의 사회, 남의 문서를 베끼는 무의미한 작업의 반복, 부조리한 실존적 조건에 대한 바틀비의 불합리한 저항. 바틀비 못지않게 이상한 것은 화자인 변호사의 행동이다. 마치 아비의 원수 앞에서 망설이는 햄릿처럼, 그는 바틀비의 행동에 스트레스를 받으면서도 끝내 그를 내치지 못한다. 그에게서 자신의 내면에 억눌려 있는 또 다른 자아alter ego를 봤던 것일까?

변호사는 바틀비에게 일을 계속할 것인지, 아니면 자기를 떠날 것인지 묻는다. 하지만 바틀비는 이 양자택일의 상황을 교묘히 비껴간다. "나는 당신을 떠나지 않는 것을 선호합니다." 긍정도 부정도 아닌 이 '소극적 저항'은 급진적이다. 이 말이 반복될수록 사무실의 기능은 마비되어간다. 변호사는 바틀비에게 '이것, 아니면 저것'을 선택할 자유를 주나, 그 선택은 이미 일을 주는 자의 권력에 의해 강요된 것이다. 바틀비는 적극적 소극성으로 그 누구도 갖지 못한 절대적 자유에 도달한다.

디오게네스 앞에 선 알렉산더의 당혹감이랄까? "뭐든지 주겠다"는 금전의 회유, "내가 무섭지 않냐"는 권력의 협박도 통 속의 개를 구속하지 못한다. 대왕의 막강한 권력이 개를 자처하는 자 앞에서 졸지에 허무해졌듯이, '하지 않는 것을 선호'하는 이 앞에서 변호사의 알량한 권력은 대책 없이 무너진다. 그가 바틀비에게서 느낀 것은 '숭고'의 감정이었을 게다. 변호사는 끝까지 그를 이해하려고 애쓰나, 바틀비의 생각은 언제나 그의 이해력의 피안에 존재한다. 그는 바틀비에게 매료된다. 아니, 압도당한다.

그 변호사만이 아니다. 여러 철학자들이 이 인물에 끌렸다. 들뢰즈는 바틀비를 미학적 형상, 즉 독창적 주체로 바라본다. 바틀비는 반복적으로 자기가 "특별하지 않다I'm not particular"고 말하나, 정상적 문법을 비껴가는 그 독특한 어법은 불현듯 체제를 교란하는 '특이성singularity'이 된다. 그의 어법은 마치 마법의 주문처럼 다른 이들을 사로잡아, 결국 사무실의 모두가 그의 말투를 흉내 내기에 이른다. 어떤 의미에서 바틀비는 '사건'을 일으키는 현대의 퍼포먼스 예술가를 닮았다.

아감벤은 (베냐민의 〈폭력 비판〉, 칼 슈미트의 〈정치신학〉, 혹은 데리다의 〈법의 힘〉을 배경으로) 바틀비에게서 신학적 형상, 즉 세속적 메시아를 본다. 우리는 권력이 정의로울 것을 기대하나, 그런 염원에서 수립된 권력도 결국 정의에서 멀어지기 마련이다. 바틀비의 무위inoperosita는 이 무의미한 놀이에 참여하기를 거부한다. 미未실현이 아닌 의도적 비非실현이야말로 신화적 폭력의 악순환(역사 자체)에 종지부를 찍는 메시아적 파국, 베냐민이 말한 순수한 신적 폭력이라는 것이다.

네그리는 바틀비에게서 정치적 형상, 즉 혁명적 주체를 본다. 아감벤과 달리 그는 바틀비의 거부를 해방으로 나아가는 1단계로 여긴다. 그저 체제를 거부하는 데에서 멈출 경우, 우리는 결국 '무덤'이라는 이름의 감옥에서 아사한 바틀비처럼 사회적 자살에 이르고 만다. 따라서 바틀비의 부정은 이제 새로운 삶의 양식과 새로운 공동체를 창조, 생성, 건설하는 2단계의 행동으로 이어져야 한다. 이 긍정의 단계에서 네그리의 사고를 이끌어주는 것은 아마도 스피노자가 말하는 '역능virtus'의 개념일 것이다.

지젝의 정치신학(유물론적 신학)은 네그리와 아감벤의 상이한 해석을 이른바 '시차視差'로 재배치한다. 먼저 아감벤을 따라 지젝은 바틀비의 거절을 출발이 아닌 근원, 준비단계가 아닌 최종목표로 바라본다. 하지만 네그리를 따라 그 텅 빈 저항의 제스처에 '몸체'를 부여하자고 말한다. 즉 바틀비의 저항은 '극복'이 아니라 '실현'의 대상이다. 파국과 생성은 동일한 현상의 두 측면을 이룬다는 것이다. 하지만 들뢰즈의 미학적 바틀비를 정치-신학적 버전으로 업그레이드 시키는 데에는 당연히 무리가 따른다.

가령 지젝이 제안하는 구체적 실천의 예를 보자. 그는 (일시적으로 고통을 경감시켜 결국 자본주의의 원활한 작동에 이바지하는) 사이비 저항을 거부하라고 외친다. 그의 구호를 우리 현실에 대입하면 아마 이렇게 될 것이다. '나는 이명박 정권과 싸우는 싸움에 참여하지 않는 것을 선호한다.' '나는 사민주의적 개혁에 참여하지 않는 것을 선호한다.' '나는 크레인 위의 4대강 농성자들에게 연대를 보내지 않는 것을 선호한다.' 이런 거절이 과연 체제에 대한 급진적 저항이 될 수 있을까?

참여의 거부는 먹고 살기 바쁜 대부분의 사람들이 이미 열심히 실천하고 있다. 차이가 있다면 'not'이 'prefer'의 앞에 오느냐, 뒤에 오느냐에 따라 달라지는 마음가짐의 변화뿐인데, 그게 그토록 급진적이고 혁명적인 구별인지 모르겠다. 관념적 급진성은 실천적 보수성으로 이어지기 마련. '사이비 저항'의 양파를 까고 또 까면, 그 끝에서 바틀비의 사도들은 그저 '무'를 확인하게 되지 않을까? 다른 것은 몰라도, 바틀비를 구세주로까지 만들어 섬길 필요는 없어 보인다.

거절이 과연 체제에 대한
급진적 저항이 될 수 있을까?

# 탈주와 아방가르드

fuite

'탈주' 역시
아방가르드와 비슷한 운명에
처하지 않을까?

한동안 '탈주'라는 은유가 유행한 적이 있다. 그것은 '체제, 권력, 혹은 동일성의 폭력에서 벗어나 끝없이 자신을 생성하라'는 어떤 존재미학의 명법으로 보인다. 그 용어 자체는 들뢰즈에게서 유래할지 몰라도, 그에 앞서 그것을 실천한 것은 20세기 초의 이른바 '아방가르드' 예술가들이었다. '탈주'는 미시기획으로 한 개인의 존재미학을 가리킬 수도 있다. 하지만 그것은 종종 자본주의 체제를 변혁하기 위한 거시기획으로 제시되어왔다. 과연 탈주가 체제의 변혁을 위한 전략이 될 수 있을까?

아방가르드 예술의 역사가 '탈주'라는 전략의 정치적 유효성을 가늠하는 잣대가 될지 모르겠다. 탈주라는 존재미학을 누구보다 앞서 실험했던 운동이기 때문이다. 널리 알려진 것처럼 아방가르드 작가들은 부르주아 문화의 죽음이 임박했다는, 모종의 종말론적 정서를 갖고 있었다. 예술의 보헤미안으로서 그들은 일단 부르주아 사회와 문화로부터 자신을 철수시켰다. 하지만 요란한 급진적 수사를 사용했음에도 불구하고, 사실 아방가르드의 작가들은 부르주아 정치는 물론이고 프롤레타리아 정치에도 별 관심이 없었다.

물론 아방가르드의 많은 작가들이 정치에 참여하기도 했으나, 그 시도는 대개 참담한 실패와 좌절로 끝나고 말았다. 가령 이탈리아의 미래파는 파시즘에 동조했으나, 무솔리니는 이들을 버리고 제국양식으로 되돌아갔으며, 러시아의 미래파는 공산주의에 동조했으나, 스탈린 치하에서 마야코프스키는 자살을 해야 했다. 이렇게 아방가르드의 정치참여가 참담한 실패로 끝난 것은, 미학적 급진주의와 정치적 급진주의가 서로 통하는 지점이 있긴 해도 근본적으로는 서로 다른 목표를 지향했기 때문이다.

아방가르드 작가들에게 정치적 성향이 있었다면, 그것은 근본적으로 무정부주의적이었다. 사실 그들은 두 개의 적과 싸워야 했다. 하나는 아카데미즘이라는 부르주아 문화, 다른 하나는 '키치kitsch'나 '퐁시프poncif'라는 프롤레타리아의 취향. 고전주의에 맞서 그들은 새로운 형식, 새로운 기법, 새로운 언어의 실험을 통해 전통의 파괴를 시도했다. 동시에 키치에 맞서 그들은 대중과의 소통을 거부하는 난해한 예술을 만들어야 했다. 소통은 코드를 전제하고, 코드는 획일성을 의미한다고 봤기 때문이다.

아도르노는 아방가르드의 전략을 영원한 탈주로 파악한다. 현대예술은 파편화하고 불구화한 그 형식('몽타주')으로써 자본주의사회의 추악함을 고발한다. 관리된 사회의 획일성에 항의하기 위해 사회와의 소통을 거부하고, 이를 위해 대중과 공유된 코드를 파괴함으로써 스스로 난해해진다. 하지만 자본주의의 문화산업은 그런 아방가르드마저 대중에게 이해되는 언어로 포장하여 상품으로 제시한다. 이 추적에서 벗어나기 위해 예술은 새로운 실험을 통해 끝없는 탈주를 감행해야 한다는 것이다.

하지만 아방가르드 예술은 곧 한 가지 모순에 봉착하게 된다. 아방가르드는 부르주아적 예술제도를 비웃었지만, 자신을 키치와 구별하기 위해선 여전히 모종의 고전적 기준을 필요로 했다. 실제로 오늘날 그들의 작품은 대부분 '현대의 고전'이 되어 부르주아 미술관에 걸려 있다. 아방가르드는 '유행'을 경멸했으나, 끝없는 탈주의 결과는 다소 짧은 시간 동안 존재했다가 다른 것으로 교체되는 예술언어들의 '유행'이었다. 아방가르드 실험의 성공 여부는 사실 그 실험이 새로운 유행이 되느냐에 달려 있었다.

작가들의 사회적 존재 역시 모순에 처해 있었다. 아방가르드는 부르주아 사회를 거부했지만, 부르주아의 돈주머니까지 거부할 수는 없었다. 이는 혁명으로 해결될 일이 아니다. 사회주의 사회에서 예술가는 '공무원'이 될 뿐이다. 부르주아의 돈주머니를 거부하는 한, 자본주의 사회의 예술가는 실업자로 살 수밖에 없다. 결국 작가로서 독립된 존재를 유지하려면, 부르주아 사회를 거부하는 아방가르드 역시 부르주아를 후원자로 가질 수밖에 없다. 오늘날에는 민중미술조차 강남 딜레탕트들의 컬렉션 대상이 된다.

자기가 사는 체제를 부정할 자유 역시 자유민주주의라는 정치

체제에서만 가능한 것이었다. 고트프리드 벤은 나치즘에 귀의했으나 나치는 표현주의를 '퇴폐예술'로 낙인찍었다. 소비에트는 피카소 동지의 당성은 높이 평가했으나, 그의 그림에는 절대로 찬동할 수 없었다. 극우로 달려간 이탈리아의 미래파, 극좌로 달려간 러시아의 미래파는 모두 비참한 최후를 맞았다. 결국 그 급진적 수사에도 불구하고 아방가르드는 자본주의라는 물적 토대와 자유민주주의라는 상부구조 위에서 가능했던 것이다.

결국 아방가르드 운동은 실패로 끝났다. 그 정신은 1960년대에 '네오 아방가르드'라는 이름으로 부활하나, 이 새로운 아방가르드는 이미 과거에 제스처로 취했던 그 급진성마저 가질 수 없었다. 충격은 오래 지속될 수 없는 법. 1960년대의 대중은 이미 아방가르드의 온갖 충격적 행위에 익숙해진 상태였다. 박물관에서는 변기를 두 개 이상 필요로 하지 않는다. 게다가 다다의 도발이 예술제도에 대한 공격으로 여겨졌다면, 네오 아방가르드의 도발은 이미 예술제도 내에서 벌어지는 현상으로 여겨졌다.

내세운 목표에 도달하는 데 실패했다고 아방가르드의 의의를 무시할 필요는 없다. 외려 아방가르드의 업적은 역사상 유례가 없을 정도로 거대했다. 이 탈주의 시도, 이 불가능한 사명이 20세기 미술 전체를 끌어왔다고 해도 과언이 아니기 때문이다. 아방가르드에게 파괴는 곧 생산이었고, 탈주는 곧 창조였다. 다만, 그 운동이 예술을 넘어 자본주의 체제의 변혁으로 이어질 수 있다는 믿음만큼은 과장된 것이다. 그것은 허위의식, 그러나 역사적으로 필요했던 허위의식이었다.

탈주를 외치는 이들은 여러 모로 아방가르드 작가들을 닮았다. 그들 역시 부르주아 정치는 물론이고, 프롤레타리아의 정치마저 거부한다. 그들의 눈에는 후자 역시 전자 못지않게 '근대적'이기 때문이다. 대신 그들은 영토화, 탈영토화, 재영토화, 재탈영토화로 이어지는 끝없는 탈주를 주장한다. 이것이야말로 진정으로 변혁적이라는 것이다. 이는 현대예술에 관한 아도르노의 생각과 거의 일치한다. 하지만 '탈주'를 통해 체제를 변혁한다는 원대한 기획 역시 아방가르드와 비슷한 운명에 처하지 않을까?

아방가르드가 아무리 도발을 감행해도 자본주의 체제는 눈 하나 깜빡하지 않았다. 외려 그 도발마저 자신의 문화로 받아들여, 체제의 포용성을 보여주는 증거로 써먹는다. 탈주도 마찬가지가 아닐까? 그 역시 실은 자본주의라는 물적 토대와 자유민주주의라는 상부구조 위에서 가능한지도 모른다. 아무리 급진적인 수사로 치장해도, 탈주가 미네르바의 글만큼 체제에 위협이 되지는 않는다. 따라서 탈주로 체제를 변혁한다는 믿음은 허위의식, 물론 어느 정도 필요한 허위의식일 것이다.

아방가르드의 업적이 '목표'가 아닌 '결과'에 있듯이, 탈주라는 실험의 성패 역시 그들이 목표로 표방하는 체제의 변혁에서 찾을 필요는 없다. 아방가르드가 야만 속에서 문화를 구원하는 세속적 수도원 역할을 했듯, 이 정신적 야만 속에서 인문학을 구원하는 역할을 한다면 그것만으로도 이미 성공을 거둔 것이다. 요는, 아방가르드 운동이 그렇게 했던 것처럼 정신의 탈주를 통해 도발적이고 창조적인 이론을 끝없이 생성해내는 것이다. 이제 '정치'를 논하자.

# 역사의 우연성

irony

역사는 우리가
생각하는 것보다 훨씬 더
우발적 사건으로 만들어진다

"급진적이라는 것은 사태의 뿌리로 돌아가는 것이다." 이는 '급진적radical'이라는 말이 라틴어 'radis'(뿌리)에서 나왔다는 얘기에 불과하나, 마르크스가 굳이 이렇게 낱말의 어원을 상기시키는 데에는 이유가 있을 게다. 흔히 '급진적'이라고 하면, 현실에서 유리된 사유와 행동의 '과격함'이 연상된다. 그런 의미에서 급진적으로 되는 것은 어렵지 않을 게다. 그저 단순무식하면 되니까. 하지만 그 말의 어원에 합당하게끔 "사태의 뿌리로 돌아가는 것"은 어려운 일. 특히 그 '사태'가 자기 자신일 경우에는 더욱 더 그러하다. 어느 나무가 제 뿌리를 땅 밖으로 드러내기를 원하겠는가?

한때 사회주의자들은 자본주의가 자기의 내적 모순에 따라 필연적으로 몰락한다고 믿었다. 실제로 1917년 러시아에서는 혁명이 일어났다. 하지만 흥미롭게도 러시아는 하필 당시 유럽에서 자본주의의 발전이 매우 늦은 축에 속했다. 이를 어떻게 설명해야 할까? 논리적 모순을 해결한 것은 레닌. 그는 사회주의 혁명이 세계 제국주의의 가장 '약한 고리'에서 먼저 일어날 수 있다고 주장했다. 이 재치 있는 수정을 통해 볼셰비키 혁명은 졸지에 '역사적 필연성'의 반열에 오를 수 있었다. '러시아 혁명, 그것은 제국주의에 이른 독점자본주의의 모순이 터져 나온 것이다.'

하지만 과연 러시아 혁명이 역사의 필연이었을까? 러시아 민중은 사회주의를 원한 게 아니라, 자기들의 삶을 고통스럽게 만드는 전쟁을 반대했을 뿐이다. 2월 혁명으로 그들이 전복시킨 것은 근대적 자본주의가 아니라 봉건적 절대왕정이었다. 10월 혁명 역시 실은 전형적인 사회주의 혁명이 아니었다. 민중은 사회주의를 원한 게 아니라, 그저 케렌스키 내각이 전쟁을 계속하는 데에 반대했을 뿐이다. 볼셰비키 혁명은 산업노동자의 총파업이 아닌, 무장한 병사와 노동자를 동원한 군사 쿠데타에 가까웠다. 케렌스키 내각이 집권 후 전쟁을 포기했다면, 상황은 어떻게 됐을까?

멘셰비키는 사적 유물론을 제대로 신봉했다. '사회주의는 자본주의적 모순의 산물, 사회주의가 있으려면 먼저 자본주의가 있어야 한다. 따라서 혁명 이후의 상황은 부르주아가 주도해야 한다. 그게 역사의 필연이다.' 반면 볼셰비키는 사적 유물론의 교리에 글자 그대로 매달리지 않았다. '보편적 법칙은 나라마다 변형되는 것. 교리야 뭐라 가르치든, 기회가 오면 일단 활용할 줄 알아야 한다.' 한마디로 멘셰비키가 역사적 '필연성necessity'에 매달렸다면, 볼셰비키는 역사의 '우발성contingency'을 이해했다. 이중에서 진정으로 유물론적인 것은 과연 어느 쪽일까?

여기서 역설은 마르크스의 교리에 집착하는 태도야말로 관념론적이라는 데에 있다. 레닌 역시 사적 유물론을 믿었을 것이다. 그러나 현실에서 그는 역사의 필연성이 아니라 사건의 우발성에 따라 행동했다. 물론 그는 자신의 '행동'을 역사적 필연성으로 설명할 줄 알았다. 제국주의 단계에 이르면, 자본은 이윤율 경향적 저하법칙에 맞서 초과 착취가 가능한 제3세계로 이동하고, 이로써 혁명은 선진자본주의의 내부가 아니라 그것의 변방에서 터져 나올 수밖에 없다. 그의 예언은 실현된 듯했다. 실제로 여러 나라들이 반제투쟁의 과정에서 공산화되지 않았던가.

하지만 이런 것을 정말로 '역사의 필연'이라 불러야 할까? 가령 러시아에서 노동자의 비중은 인구의 10%를 넘지 않았다. 그중에서 서구자본이 운영하는 기업에서 초과 착취당하는 프롤레타리아의 수가 과연 얼마나 됐겠는가. 중국의 경우 산업노동자는 인구의 1% 미만이었다고 한다. 서구자본의 초과 착취를 당했다는 제3세계의 경우 자본주의 발달은 극히 미미했다. 착취가 있었다 해도 그것은 자본주의적 착취라 보기 어렵고, 해방이 필요했다 해도 그게 반드시 사회주의일 필요는 없었다. 가령 베트남 전쟁은 사회주의 혁명보다 민족해방 전쟁에 가깝다고 하지 않던가.

한때 사회주의가 세계의 절반을 차지했지만, 그중에서 마르크스가 예견한 고전적 방식으로 공산화된 나라는 하나도 없다. 대부분의 나라에서 사회주의화는 소련의 무력 개입으로 이루어졌다. 어떤 의미에선 이것도 필연성일지 모르겠으나, 적어도 자본주의의 내적 모순에 의한 사회주의의 필연성으로 보이지는 않는다. 최근 이들 나라들이 대거 자본주의로 복귀한 것은 그 혁명(?)이 매우 우발적이었다는 사실의 결정적 증거이리라. 역사학은 모든 사건을 필연적으로 보이게 기술하곤 한다. 하지만 사실 역사는, 적어도 우리가 생각하는 것보다 훨씬 더, 우발적 사건으로 만들어진다.

레닌은 이를 정확히 인식했던 것으로 보인다. 그는 마르크스주의자를 자처하면서도 사실상 마르크스주의의 핵심적 주장을 폐기했다. 사회주의의 역사적 필연성을 말하면서도, 그는 대중의 자발성을 믿지 않았다. 그는 사회주의는 소수의 전위들에 의해 노동자 계급의 외부에서 주입되어야 한다고 주장했다. 사실 이만큼 반反 마르크스주의적인 생각이 다시 있을까? 게다가 '전위'를 자처하는 자들의 출신성분은 대부분 부르주아의 자식, 아니면 쁘띠 부르주아였다. 아무튼 레닌은 성공을 거두었고, 자신의 올바름을 실천으로 증명했다. 이것이 레닌의 아이러니다.

어떤 면에서 레닌은 리차드 로티가 말한 '아이러니스트ironist'를 닮았다. 로티에 따르면, 아이러니스트는 "자신의 최종 어휘에 대해 급진적이며 지속적인 회의를 갖는" 사람이다. '최종 어휘final vocabulary'란 물론 정치적, 종교적, 철학적 세계관의 토대가 되는 믿음을 가리킨다.(데리다는 그것을 '초월적 기표'라 부른다.) 레닌에게 그 최종적 어휘란 마르크스주의, 즉 자본주의의 내적 모순에 따른 사회주의의 필연성일 것이다. 레닌은 입으론 마르크스의 후계를 자처하면서도 몸으론 마르크스의 핵심적 명제에 대한 '급진적이며 지속적인 회의'를 실천했다.

물론 레닌은 포스트모던한 아이러니스트는 아니었다. 로티에 따르면, 아이러니스트가 되려면 다른 조건이 필요하다. 가령 아이러니스트는, "그들의 어휘로 정식화된 논증이 이 회의를 감소시키지도, 해소하지도 못한다는 것을 알아야 한다". 나아가, "자신들의 어휘가 다른 사람들의 것보다 현실에 더 가깝다고 생각하지 않는다". 하지만 레닌은 전형적인 근대인. 그는 또 다른 논증('약한 고리')으로 자신의 회의를 해소하려 했고, 나아가 자신의 어휘가 다른 사람들의 것보다 현실에 더 가깝다고 확신했다. 거기에 따른 위험은 그의 사후 스탈린을 통해 현실화한다.

과거에 혁명은 진리를 소지한 전위들이 프롤레타리아 대중에게 외부로부터 주입하는 것이었다. 하지만 그것은 '당의 무오류'라는 터무니없는 이론과 숙청의 드라마라는 잔혹한 실천을 낳았다. 그런 것은 한마디로 시대착오, 더 이상 현대의 정치 상황에 어울리지 않는다. 오늘날 세계를 바꾸려는 사람은 '나와는 전혀 다른 세계관과 가치관을 가졌어도, 그들과 내가 같이 할 수 있는 일이 있다'는 전제에서 출발해야 한다. 자신의 믿음을 상대화해야 비로소 타인과 소통이 가능하다. 소통이 가능해야 연대도 가능하고, 연대가 가능해야 세상을 바꿀 수 있지 않은가.

급진적인 것은 사태의 뿌리로 돌아가는 것을 의미한다. 급진적으로 되려면 무엇보다 제 뿌리로 돌아가, 제 신념의 토대를 힘껏 흔들어보아야 한다. 오늘날 사회를 바꾸는 데에 필요한 것은 확신에 가득 찬 혁명가가 아니라, 회의로 번민하는 아이러니스트다.

# 유령들의 인터내셔널

hantologie

## 계급에 속하지도 정당의 형태를 취하지도 않는 동맹

"죽어서 격식을 갖춰 땅속에 묻힌 시체가 어찌하여 수의를 찢고 나타났다는 말이오? 그대를 편안히 모신 무덤이 어찌하여 그 무거운 대리석 입술을 벌려 시체를 뱉어놓았단 말이오? 그래, 그대 시체가 이렇게 다시 어스름한 달빛 아래 나타나서 이 밤을 이렇게 끔찍하게 만드는 이유는 무엇이오? 아, 자연의 법칙에 묶여서 꼼짝도 하지 못하는 인간들이 한심하기 짝이 없다. 인간의 지혜로는 풀지 못할 문제를 던지고, 우리의 간담을 서늘하게 하는 곡절이 무엇이란 말이오? 어서 말해보시오, 도대체 무슨 일이오? 어떻게 해달라는 말이오?" (셰익스피어 〈햄릿〉)

베를린장벽 붕괴 얼마 후 데리다는 〈마르크스의 유령들〉(1993)

이라는 책을 발표했다. 여기서 '유령'은 물론 〈공산당선언〉의 그 유명한 구절과 관련이 있다. "유령이 유럽을 배회하고 있다. 공산주의라는 유령이." 구舊유럽의 부르주아들은 이 유령을 내쫓기 위해 "신성한 동맹"을 맺었다. 이 퇴마의식exorcism이 효험이 있었던 걸까? 실제로 공산주의는 몰락하고, 한동안 세계는 네오콘과 신자유주의자들이 부르는 승전가로 요란했다. 하지만 데리다는 이 들뜬 분위기에 찬물을 끼얹는다. "마르크스의 정신은 미래에도 유령처럼 출몰하리라."

물론 데리다가 말하는 '유령spectre'은 무덤에서 튀어나온 사령死靈이 아닐 게다. 마르크스와 엥겔스가 〈공산당선언〉을 쓸 당시 "공산주의라는 유령"은 과거가 아니라 미래에서 날아온 귀신이었다. 즉 그것은 과거에서 되돌아온revenant 존재가 아니라 앞으로 미래에서 도래할a venir 존재였다. 아직 실체는 없지만 분명히 현실의 층위 위에 얹혀서 아른거리는 어떤 형상. 존재하지도 않으나 그렇다고 부재한다고 할 수도 없기에 섬뜩하게만unheimlich 느껴지는 이 형상이 유럽의 부르주아들을 공포 속으로 몰아넣었던 것이다.

오늘날 아직도 누군가 '공산주의'를 말한다면, 그 유령의 정체를 물어야 한다. 그것은 미래에서 온 형상인가? 그렇다면 그것은 (데리다가 앞으로도 출몰할 것이라 예견한) '마르크스의 유령'일 수 있다. 아니면 과거에서 온 형상인가? 이 경우 그것은 '르브낭', 혹은 '좀비'일 가능성이 크다. 물론 과거의 것이라고 모두 배척할 일은 아니다. 하지만 유산은 데리다의 말대로 '주어진 것given'이 아니라 '맡겨진 것task'. 마르크스의 유산 역시 "필요한 만큼 급진적으로 변형

시킴으로써 다시 확증되어야 한다". 그렇지 않은 것은 이념적 외설일 뿐이다.

데리다는 〈햄릿〉의 대사 두 군데를 인용한다. 하나는 "Time is out of joint"라는 햄릿의 한탄이다. 국역본을 보니 'time'을 '세상'이라 옮겼다. 관절이 어긋나듯이 세태가 잘못됐다는 얘기다. 동생이 형을 죽이고 형수와 정을 통하는 세상. 햄릿은 한탄한다. "아, 저주받은 운명이구나. 내가 그것을 바로잡으려 태어났다니." 하지만 그 문장을 글자 그대로 옮길 수도 있을 게다. 이 경우 그 말은 시간이 뒤엎어지는 시간착오anachronie를 가리킬 것이다. 가령 과거에 속하는 선왕이 현재에 나타나는 것은 시간의 관절이 어긋난 현상이 아닌가.

또 다른 인용은 "To be, or not to be"라는 햄릿의 고뇌다. 굳이 '사느냐, 죽느냐'라는 번역의 올바름에 관한 논쟁에 끼어들 필요는 없다. 데리다는 이 문장을 무엇보다도 '존재해야 할 것이 존재해야 하느냐', 혹은 '일어나야 할 일이 일어나느냐'라는 뜻으로 읽는다. 세태는 어긋났다out of joint. 나는 그것을 바로잡으려 태어난 운명. 세상을 바로 세우기 위해 해야 할 그 일을 저지르느냐, 마느냐. 그것이 문제로다. 여기서 주목해야 할 점은, '존재해야 할 그것', '일어나야 할 그것', '해야 할 그 일'이 아직 현존하지present 않는다는 사실이다.

〈햄릿〉의 두 인용은 각각 '존재'와 '시간'에 관련되어 있고, 이 둘은 다시 하이데거의 유명한 저작(《존재와 시간》)을 연상시킨다. 하이데거의 것을 포함하여 기존의 존재론은 모두 현재, 현존, 현전

presence의 형이상학이었다. 유령은 다르다. 그것은 부재하면서 존재하고, 죽었으면서 살아 있다. 그것은 데리다가 말하는 '차연'이나 '흔적'의 시각적 형상에 가깝다. 데리다의 의도는 전통적 형이상학에서 말하는 '존재'를 존재하면서 부재하는 '유령'으로 바꿔놓는 것, 한마디로 존재론ontologie을 유령론hantologie으로 대체하는 것이다.

유령을 쫓아내려 한 것은 부르주아들만이 아니었다. 구 유럽의 부르주아들이 열심히 공산주의 유령을 쫓아버리는 퇴마의식을 거행하는 동안, 마르크스 자신도 실은 유령과 싸움을 하고 있었다. 바로 자본주의라는 이름의 유령이다. 그의 눈에는 자본주의적 현실 자체가 유령으로 비쳤던 모양이다. 하긴, 사용가치보다 교환가치를 추구하고, 화폐가 노동의 구체성을 지워버리고, 인간이 아니라 자본의 자기증식을 위해 생산이 행해지는 자본주의 사회의 물신성이야말로, 부재하는 것이 존재하는 것처럼 나타나는 환영, 즉 유령이 아닌가.

물론 자본주의의 가상성에 대한 그의 과학적 비판을, 우익들의 반공주의 퇴마술과 비교할 수는 없다. 하지만 '가상'에 대한 그의 비판은 여전히 존재론ontologie의 한계에 갇혀 있다. 데리다도 슬쩍 언급하듯이, 오늘날 우리의 현실은 마르크스의 시대와는 생산과 기술의 조건이 전혀 다르다. 가상이 실재를 대신하고(시뮬라크르), 복제와 원본의 구별이 흐려지고(유전공학), 부재하면서 존재하는 것(텔레마틱)은 이미 물리법칙만큼이나 견고한 현실이다. 빌렘 플루서의 말대로 이미 "가상은 실재만큼 견고하고, 실재는 가상만큼 유령스럽다".

'시간'의 측면에서도 비슷한 얘기를 할 수 있을 것이다. 오늘날 시간은 관절이 어긋났다(out of joint). 클릭 한 번에 과거는 현재로 나타난다. 컴퓨터 그래픽은 미래를 현재로 가져온다. 현재 위에는 언제나 과거와 미래의 유령이 배회한다. 이 기술적 조건의 효과는 대중문화 속에서도 어렵지 않게 발견된다. 가령 '포스트모던'의 상징으로 통하는 영화 〈블레이드 러너〉 속의 현실에서는 과거와 현재와 미래가 어지럽게 뒤섞인다. 메탈과 펑크와 고딕의 미학이 뒤섞인 데이빗 보위의 음악이 종종 '유령론hantologie'이라 불리는 것은 이 때문이리라.

'새 인터내셔널'이라는 데리다의 정치적 대안 역시 그의 철학적 기획 못지않게 급진적이다. '새로운 인터내셔널'이란, "마르크스, 혹은 마르크스주의의 정신 중의 적어도 한 가지 요소에 공감하는 이들 사이의 동맹", 즉 "위상도, 좌표도, 당도, 나라도, 민족공동체도, 시민권, 특정 계급에 함께 속하는 일도 없는 비시간적 연결이다". 비록 정당이나 노동자 인터내셔널과 같은 제도적 형태를 취하지는 않지만, 이 동맹은 국제법의 상태, 국가와 민족의 개념 등을 비판하는 일에 연대하면서 마르크스의 비판을 새로이 하고, 급진화할 것이다.

계급에 속하지도, 정당의 형태를 취하지도 않는 이 동맹이 어떤 이들에게는 '유령'으로 보일지 모르겠다.(가령 촛불시민들을 바라보는 전통 좌파의 시각을 생각해보라. 흥미롭게도 우익들 역시 이 시각을 공유한다.) 그 동맹은 부재하나, 동시에 현재한다. 실제로 그것은 유령스럽다spectral. 데리다 역시 그것을 의도했을 것이다. 이 유령 앞에서 퇴마의식을 벌이려는 이에게는 햄릿의 말을 들려주는 게 어떨까?

"이 귀신을 귀한 손님으로 취급해서 환영해주세. 이 사람아, 세상에는 우리의 철학으로는 상상도 못할 일이 허다하게 있다네."

# 8

# 상상, 상징, 실재

상징계와 상상계를 자유로이 넘나드는 대중.
이미지를 먹으며 자라난 요즘 세대는
더 이상 텔로스를 믿지 않는다.

미토스mythos

푼크툼punctum

기계machine

데드팬deadpan

# 텔로스에서 미토스로

mythos

오늘날 텍스트를 대신하여
실재를 표상하는 것은 이미지다

발터 베냐민은 사진을 현실 인식의 탁월한 수단으로 보았다. 렌즈는 육안보다 현실을 더 정확히 인식하게 해준다는 것이다. 그는 사진 촬영을 외과의사의 해부에 비유했다. 영화도 마찬가지다. 영화는 확대촬영과 고속촬영, 혹은 시공을 분해해 다시 조립하는 몽타주를 통해 육안으로는 볼 수 없는 현실의 본질을 보여준다. 스포츠 중계에서 정확한 판정을 위해 영상의 프레임을 정지시키듯이, 사진과 영화는 역사적 진행 속의 현실을 정지된 모습으로 보여준다. 베냐민은 그것을 "정지 상태의 변증법"이라 불렀다.

베냐민은 사진을 일종의 텍스트로 간주했다. 그가 사진에서 표제의 역할을 강조한 것은 그와 관련이 있다. 그가 모호이 나지의 말을 인용해 "미래의 문맹자는 글자를 못 읽은 사람이 아니라 사진을 못 읽는 사람"이라고 말했을 때, 그가 염두에 둔 사진의 이상은 엑스레이 사진이나 천문학의 사진처럼 그저 눈으로 보는 것을 넘어 과학적 해독을 요구하는 이미지들이었을 것이다. 그것은 아무리 실재계를 찍은 사진이라도 그것이 의미를 가지려면 어쩔 수 없이 상징계의 질서에 편입되어야 한다는 뜻일 게다.

베냐민이 판타지 영화에 적대감을 보인 것은 그 때문이다. 그는 당시의 독일 감독들이 사진과 영화의 과학적 본질을 배반하고 "아리송한 상상"에 빠져 있다고 비판했다. 사진과 영화는 매체의 성격상 현실에 대한 인식에 적합하다. 그것은 대중을 상징계로 인도한다. 하지만 판타지는 대중을 상상계로 데려감으로써 현실에 대한 진정한 인식을 방해한다. 이 때문에 사진과 영화를 판타지를 위해 사용하는 것을 그는 '반동적'이라 불렀다. 영화를 상징계에서 상상계로 넘기는 것이 일종의 지적 퇴행으로 보였던 모양이다.

하지만 오늘날 사진은 베냐민이 살던 당시와는 성격이 달라졌다. 컴퓨터 그래픽은 사진과 그림 사이의 차이를 지워버렸다. 1990년대 이후, 판타지의 산물조차 사진의 생생함을 가지고 나타나기 시작했다. 사진은 더 이상 움직일 수 없는 현실의 화학적 증거가 아니다. 디지털 사진은 언제든지 가공할 수 있는 전자의 배열, 흔적 없이 수정할 수 있는 데이터다. 이는 사진이라는 이미지가 상징계의 질서에서 빠져나와 상상계로 진입한다는 것을 의미한다. 그리하여 위기에 처하는 것은 다큐멘터리다.

미국의 사진작가 키스 커팅햄은 〈허구의 초상〉이라는 작품에서 성별이 불분명한 젊은이의 모습을 보여준다. 스튜디오 초상 속의

키스 커팅햄
〈허구의 초상Fictitious Portraits〉
2004

소년(혹은 여인?)은 매혹적인 아름다움 속에서 어딘지 으스스한 느낌을 준다. 그도 그럴 것이 그/그녀는 실제로는 존재하지 않는 인물이기 때문이다. 그 인물은 작가의 소묘와 조소에 기초하여 제작한 골격에 사진으로 찍은 여러 인종의 피부를 입혀서 만들어낸 것이다. 한마디로 그/그녀는 디지털의 유령인 셈이다. 오늘날 사진은 피사체의 실존을 증명하지 못한다.

독일의 작가 마티아스 베너의 작품은 언뜻 역사적 기록사진처럼 보인다. 하지만 포토샵을 이용하여 그는 널리 알려진 그 기록사진들 속에 슬쩍 자신의 모습을 심어놓는다. 그는 빌리 브란트 수상과 함께 홀로코스트 희생자의 기념비 앞에 무릎을 꿇고 참회를 하고, 볼리비아의 군인들과 함께 사살된 체 게바라의 시체를 검시하고, 네이팜탄의 폭격을 맞아 불타는 마을에서 화상을 입고 뛰어나오는 베트남 소녀의 목격자가 되기도 한다. 포토샵을 타임머신으로 이용하여 유명한 역사의 현장에 허구적으로 참여하는 셈이다.

저매키스 감독 역시 허구의 개인사를 공적인 역사와 뒤섞어놓은 바 있다. 그의 영화 〈포레스트 검프〉에서 주인공(톰 행크스)은 흑백필름으로 된 역사 속으로 들어가 케네디 대통령과 악수를 나는다. 이로써 역사라는 상징계의 질서는 사정없이 교란된다. 역사는 짓궂은 장난의 대상이 되기도 한다. 인도네시아의 작가 아간 하라함은 역사에 기록되지 않은 영웅들의 활약을 보여준다. 그의 작품에서 다스 베이다는 얄타 회담에 참석하고, 스파이더맨은 노르망디에서 전투를 하고, 배트맨은 피델 카스트로와 친분을 자랑한다.

팩트와 픽션을 버무린 '팩션' 역시 이러한 변화의 한 양상일 것이다. 오늘날 영화의 대중은 신윤복을 졸지에 여자로 둔갑시켜놓아도 '역사의 왜곡'이라고 항의하지 않는다. 몇 년 전 역사학자들이 방송3사의 고구려 드라마가 사실을 왜곡했다며 관련 세미나를 연 적이 있다. 이 학문적 진지함도 대중의 눈에는 그저 몇몇 고리타분한 먹물들의 해프닝으로 보일 뿐이다. 상징계와 상상계를 자유로이 넘나드는 대중의 의식 속에서 역사는 그저 서사의 소재, 혹은 배경일 뿐이다. 그들에게 진리보다 중요한 것은 재미다.

이보다 흥미로운 예는 아마도 영화 〈워낭소리〉를 둘러싸고 벌어졌던 논란일 것이다. 팩션이야 어차피 관객이 그것이 허구임을 인지한다는 전제 위에 서 있다. 이른바 '페이크 다큐멘터리'도 그것이 페이크임을 관객이 인지한다는 전제 위에서 만들어진다. 하지만 〈워낭소리〉는 관객의 감동을 자아내기 위해 허구의 장치를 사용하면서도 '연출 없는 기록'이라는 다큐멘터리의 규약을 따르는 척했다. 진리는 감동을 위해 희생됐으나, 오늘날 관객은 그 감동에 만족하는 모양이다. 이렇게 상상계는 상징계를 교란하고 있다.

텍스트를 먹으며 자라난 '386세대'는 피억압자의 과거를 기억하면서 해방된 미래를 위해 현재를 희생한다는 의식을 갖고 있었다. 과거와 현재의 희생은 미래에 온다는 그 해방된 세상 때문에 의미를 가질 수 있었다. 하지만 이미지를 먹으며 자라난 요즘 세대는 더 이상 텔로스를 믿지 않는다. 텍스트에는 처음과 끝이 존재하지만, 이미지에는 처음과 끝이 없잖은가. 이미지 세대에게는 기념해야 할 과거도 없고, 현재의 희생을 필요로 하는 미래도 없다. 그들에게 과거는 사극의 배경, 미래는 SF의 배경일 뿐이다.

역사의 최종 목적, 즉 텔로스telos를 대체한 것은 영웅들의 이야기, 즉 미토스mythos다. 텍스트 세대의 롤 모델이 흔히 '위인'이라 불리는 역사적 인물들이었다면, 이미지 세대의 그것은 신화적 인물들이다. 텍스트의 세대는 '신이라 불리운 사나이'라는 제목에 폭소를 터뜨릴 것이나, 이미지의 세대에게 그 사내는 꽤 진지하게 삶의 이상으로 여겨질 것이다. 고대에는 조각가들이 영웅들의 모습을 제시했다면, 오늘날에는 그 일을 미디어가 하고 있다. 세속적 신화의 영웅들은 미디어가 빚어낸 인간 조각들이다.

이것이 이른바 '역사 이후post-histoire'의 의식 상태다. 텍스트의 시대에는 역사의 방향을 둘러싸고 벌어지는 이념의 폭력이 있었다. 베냐민은 역사의 끝에 다가오는 신의 심판이라는 의미에서 '신적 폭력'이라 불렀다. 이른바 '탈근대postmodern'라는 이름의 지적 유행은 우리의 의식을 이 역사주의적 강박으로부터 해방시켜주었다. 그렇다고 어디 우리가 더 자유로워졌던가? 오늘날 텍스트를 대신하여 실재를 표상하는 것은 이미지다. 신화적 폭력이라고 해야 할까? 이 상상계의 지배 역시 잔혹하기는 마찬가지다.

라캉에 따르면 상상계로 표상될 수도 없고, 상징계로 의미될 수도 없는 영역이 있다. 그가 '실재계'라 부른 그것은 이미지로 표상하거나 텍스트로 의미하는 순간 더 이상 실재가 아니게 된다. 이미지든 텍스트든 자신을 가리키는 기호를 미끄러지게 하면서, 그리하여 상상계로도 상징계로도 편입되기를 거부하면서 끝까지 알 수 없는 영역으로 남는 것. 그것을 뭐라 불러야 할지 모르겠다. 현실? 실재? 신체? 참에 배반당하고 미에 모욕당하면서도 결코 사라지지 않고 때때로 트라우마가 되어 우리에게 상처를 주는 그것을, 그냥 '삶'이라 부르자.

# 언캐니의 푼크툼

punctum

존재하는 듯이 보이는 대상에서
느껴지는 어떤 섬뜩함

디지털은 사진의 본질로 여겨졌던 특성을 위협한다. 바로 피사체의 존재다. 손으로 그린 형상은 꼭 실재할 필요가 없다. 그것은 그저 화가가 펼치는 상상의 산물일 수 있다. 사진의 이미지는 이와는 성격이 다르다. 그것이 무엇이었든 간에, 일단 사진에 찍혔다면, 그 무언가가 그 언젠가 그 장소에 실제로 있었던 것이다. 법정에서 사진은 증거로 인정돼도, 그림은 증거로 인정되지 않는 것은 이 때문이다. 하지만 디지털은 사진과 그림의 구별을 무너뜨렸다. 앞으로 사진은 법정에서 증거로 인정되기가 점점 더 힘들어질 게다.

바르트는 〈카메라 루시다〉에서 '푼크툼punctum'을 사진의 가장 중요한 효과로 들었다. 푼크툼이란 (흔히 '필이 꽂힌다'고 할 때처럼) 사진 속의 이미지가 우리를 찌르는 어떤 촉각적 효과를 가리킨다.

바르트는 이를 '스투디움studium'에 대립시킨다. 스투디움이 사진의 의미를 읽게 해주는 어떤 관습적 코드라면, 푼크툼은 (라캉의 실재계처럼) 코드 저편에서 우리를 엄습하는 일종의 사건이란다. 사실, 같은 메시지를 던지더라도 어떤 사진은 아무 감흥도 주지 않는 반면, 어떤 것은 이유 없이 우리의 가슴을 찌르지 않던가.

바르트에 따르면 사진은 '기호'가 아니라, 코드의 밖에서 우리를 찌르고, 마음을 찢고, 때로는 전율에 떨게 하는 '사물'이다. 다시 말해 사진은 뭔가를 재현하는 그림icon도 아니고, 뭔가를 전달하는 문서symbol도 아니며, 그저 존재했던 어떤 것의 흔적index일 뿐이다. 그것은 거기에 있었고, 거기에 있었기에 빛을 반사했고, 그 빛이 렌즈를 통해 모아져 필름에 발라진 감광물질에 반응을 일으킨 것일 뿐이다. 한마디로 그것은 사물, 가령 눈 위에 찍힌 발자국과 같은 것이다. 그것이 우리의 마음에도 흔적을, 상흔을 남긴다.

푼크툼은 이 피사체가 한때 존재했다는 사실에서 나온다. 하지만 디지털은 사진의 이 본질적 측면을 위협한다. 디지털 사진은 픽셀로 이루어져 있고, 가공도 픽셀의 수준에서 가능하다. 이렇게 사물의 생성 단위와 존재 단위가 일치할 때 조작은 완벽해진다. 디지털 이미지의 경우, 그것이 과연 존재했던 것의 재현인지, 아니면 존재한 적 없는 것의 상상인지 구별하기 어렵다. 그것은 굳이 피사체를 요구하지도, 그것의 존재를 증명하지도 않기 때문이다. 피사체가 없다면, 당연히 푼크툼도 없어야 할 게다.

하지만 디지털 사진에서도 우리는 여전히 '푼크툼'이라 부를 만한 촉각적 효과를 경험한다. 그것은 대체 어디서 나오는 것일까?

아마도 그것은 미국의 평론가 할 포스터가 초현실주의 예술의 특징으로 들었던 '언캐니의 푼크툼'과 관련이 있을 것이다. 가령 디지털은 존재하지 않는 것에까지 사진의 생생함을 부여할 수 있다. 하지만 대중은 낡은 시각적 관습에 따라 여전히 사진 속의 피사체가 정말로 실존했던 것이라 믿는다. 여기서 디지털 이미지는 존재하는 동시에 부재한다는, 미묘한 중의성을 띠게 된다.

디지털 사진은 실재했던 것처럼 보이나 실제론 존재한 적이 없는 것의 이미지다. 이처럼 존재하면서 부재한다는 점에서 디지털 이미지는 유령을 닮았다. 유령이 오싹하게 느껴지는 것은, 그것이 삶과 죽음의 경계선에서 출몰하기 때문이리라. 유령이란 결국 죽은 자가 살아서 움직이는 현상이 아닌가? 독일의 심리학자 옌취는 이렇게 죽었는지 살았는지 불분명한 대상을 볼 때 느끼는 감정을 '언캐니unheimlich'라 불렀다. 그 느낌이 알고 싶은가? 그럼 마네킹으로 가득 찬 방에서 혼자 밤을 보내는 경우를 상상해보라.

그것을 '푼크툼'이라 불러도 되는지 모르겠지만, 디지털 사진에도 분명히 우리를 엄습하고 압도하는 효과가 있다. 하지만 그 효과는 피사체가 한때 존재했다는 사실에서 나오는 것은 아니리라. 디지털 이미지에서 피사체란 필수 불가결한 요소가 아니기 때문이다. 그 효과는 한때 존재했으나 이제는 존재하지 않는 대상의 아련한 추억이 아니라, 존재하지 않으면서도 존재하는 듯이 보이는 대상에서 느껴지는 어떤 섬뜩함과 관련이 있을 게다. 할 포스터의 표현대로, 디지털 이미지의 효과는 '언캐니'의 푼크툼이다.

키스 커팅햄의 사진은 언뜻 보면 전형적인 스튜디오 초상처럼

죽었는지 살았는지 불분명한 대상을 볼 때
느끼는 감정 '언캐니'

보인다. 검은 배경에 하이라이트를 받으며 서 있는 인물은 어떻게 보면 예쁘게 생긴 소년으로, 어떻게 보면 아직 성숙이 덜 된 여자로 보인다. 하지만 그 인물은 실존하지 않는다. 그것은 작가가 소묘와 소조로 먼저 프레임을 뜨고, 그 위에 여러 인물을 찍은 사진을 스킨으로 입혀 만들어낸 가공의 존재이기 때문이다. 흔히 그의 사진에는 '무서운 아름다움frightening beauty'이 있다고들 말한다. 한마디로 언캐니의 아름다움이라는 얘기다.

낸시 버슨이라는 작가는 스탈린, 히틀러, 마오쩌뚱의 사진을 합성하여 독재자의 초상을 만들어냈다. 일본의 작가 기타노 겐은 특정 커뮤니티 성원들의 사진을 찍은 후 그 필름들을 겹쳐 인화한다. 그 효과는 매우 으스스하여 마치 어둠 속에 유령이 서 있는 듯한 느낌을 준다. 영국의 작가 크리스 돌리 브라운은 특정 연령대에 속하는 한 마을 여성들의 사진을 찍은 후, 컴퓨터를 사용해 그것을 하나의 초상으로 종합했다. 2천 명의 얼굴이 겹쳐지는 곳에 나타난 인물은 마치 방금 하늘에서 내려온 천사처럼 아름답다.

독일의 작가 로레타 룩스의 모델은 친구나 이웃의 아이들이다. 그는 이 아이들을 찍은 후, 컴퓨터를 이용해 아이들을 자신이 손으로 그린 배경 속에 배치시킨다. 사진 속의 아이들은 포토샵을 통해 실제보다 눈이 크게 묘사되는 바람에 인형인지 사람인지 구별하기가 힘들다. 디자이너 출신인 러시아 작가 알렉 도우는 주로 패션모델들을 대상으로 작업을 한다. 카메라로 찍은 모델들은 포토샵을 이용한 조작을 통해 거의 마네킹처럼 보인다. 인형과 마네킹은 언캐니 효과를 위해 초현실주의자들이 즐겨 찾던 재료였다.

롤랑 바르트가 〈카메라 루시다〉에서 푼크툼의 예로 든 사진들은 대개 초상 사진이었다. 사진이든 그림이든, 초상의 본질은 인물의 외면을 통해 그의 영혼을 드러내는 데에 있다. 하지만 위에서 본 것처럼 디지털의 초상에는 영혼이 존재하지 않는다. 왜? 그 인물들은 존재하지 않는 가공의 존재들이기 때문이다. 아마도 여기서 '초상의 죽음'을 말해야 하지 않을까? 디지털의 초상은 한마디로 '죽은 초상의 초상'이라고 할 수 있다. 디지털 초상에도 여전히 푼크툼이 있다면, 그것은 이 언캐니에서 나올 것이다.

프로이트에 따르면 언캐니란 '억압된 것의 회귀'와 관련이 있다. 인간은 태어나기 전에 생물과 무생물, 유기체와 무기체, 삶과 죽음의 구별을 몰랐기 때문에, 태어난 이후에도 그 상태로 되돌아가려는 무의식적 욕망('사의 충동')을 갖고 있다. 삶의 한복판에서 그 억압된 욕망을 연상시키는 대상이나 현상을 볼 때, 인간은 섬뜩함을 느끼게 된다는 것이다. 20세기 초 문명의 억압에서 무의식을 해방시키려 했던 초현실주의자들이 언캐니 효과에 집착했던 것은 이 때문이다.

디지털과 더불어 초현실주의가 되돌아온 것일까? 영혼 없는 초상, 무기물을 닮은 얼굴의 섬뜩한 아름다움("무기물의 섹스 어필"?)은 이미 패션, 광고, 영화 시장에서 대중의 취향이 되어가고 있다. 하지만 디지털의 언캐니 미학이 20세기 초처럼 전복적, 해방적 기능을 갖는 것은 아니다. 유감스럽게도 오늘날 욕망은 더 이상 억압되지 않는다. 한때 억압되었던 것들도 오늘날엔 기술과 자본의 전폭적 도움을 받아 즐겁게 회귀한다.

# 인형의 노래

machine

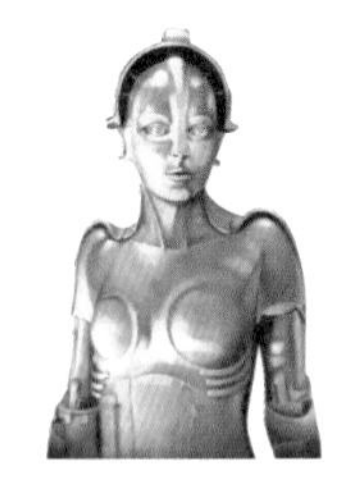

인간-기계는
더 이상 은유가 아니다

오펜바흐의 오페라 〈호프만 이야기〉에는 인상적인 노래가 등장한다. 원제는 '생울타리 속의 새들', 하지만 노래를 부르는 올림피아가 자동인형이라서 흔히 '인형의 노래'라 불린다. 이 노래를 부르는 가수는 무대 위에서 자동인형과 똑같은 동작과 손짓을 해야 한다. '로봇 춤'의 원조라고나 할까? 올림피아는 한참 노래를 부르다가 중간에 맥이 풀린 듯 갑자기 멈춰 선다. 이때 (오페라에서라면) 다른 연기자가, 혹은 (콘서트에서라면) 반주자나 지휘자가 올림피아 등의 태엽을 감아주는 시늉을 하면, 자동인형은 새로운 동력을 얻어 그 힘으로 노래를 마저 마무리 짓는다.

'인간-기계l'homme machine'의 발상은 멀리 데카르트까지 거슬러 올라간다. 이 합리주의 철학의 창시자는 인간의 신체를 기계에 비유한 바 있다. "산 사람과 죽은 사람의 차이는 작동하는 시계와 고장난 시계의 차이와 같다." 하지만 데카르트가 인간을 곧 기계와 등치했던 것은 아니다. 기계와 같은 것은 인간의 신체일 뿐, 정작 인간성의 요체는 '정신' 혹은 '영혼'에 깃들어 있다. 따라서 정신이 없어 자동인형이나 다름없는 동물과 달리, 인간은 자동인형일 수 없다는 것. 결국 데카르트에 따르면 인간은 기계 속에 깃든 영혼, 한마디로 '기계 집 속의 귀신'이라는 얘기다.

여기서 한 걸음 더 나아가면 본격적인 '인간-기계'의 관념에 도달하게 된다. 라 메트리는 '영혼'이니 '정신'과 같은 의심스러운 개념을 들여오는 데카르트의 과학적 불철저함을 비판하며, 인간에 대해 철저하게 유물론적인 정의를 제안한다. 정신의 활동은 신체의 생리작용으로 환원하여 설명할 수 있으며, 신체의 작동 원리는 기계와 동일하다. 한마디로 신체와 정신을 합한 인간 자체가 하나의 기계라는 얘기다. 물론 인간을 기계로 설명하는 데에는 난점이 따르긴 했던 모양이다. "인간은 너무 복잡한 기계여서, 그 기계에 대한 명확한 관념을 얻는 것이 불가능하다."

인간-기계라는 생뚱한 관념은 당시의 에피스테메와 관련이 있을 것이다. 생물학이 발달하지 못했던 시절, 생명현상을 설명하는 데에 사용할 수 있는 유일한 과학적 패러다임은 물리학과 기계론이었다. 기계와 생명을 동일시하는 이 관념의 한계를 보여주는 일화가 있다. 데카르트가 스웨덴의 여왕 크리스티나에게 '신체의 작동이 기계와 같다'고 하자, 그녀는 시계를 가리키며 이렇게 대꾸했다고 한다. "보세요. 저게 애를 낳을 수 있는지." 아마도 그녀가 여성이기 때문에 제기할 수 있었던 반론이리라. 폰 노이만이 '자기 복제하는 기계'를 구상한 것은 바로 이 때문이었다.

〈미학강의〉에서 헤겔은 생명체들 사이에 위계를 세운다. 나무는 가지를 꺾어도 새로운 가지가 자라난다. 부분과 전체 사이의 관계가 유기적이지 않아서란다. 반면 동물의 경우 절단된 신체 부위는 다시 자라나지 않는다. 부분과 전체의 관계가 유기적이기 때문이다. 그런 의미에서 식물은 동물보다 열등한 존재다. 물론 잘린 꼬리가 다시 자라나는 도마뱀 같은 놈은 동물들 중에서 열등한 축에 속한다.

오늘날 우리 귀에는 우습게 들리지만, 사실 서구의 형이상학은 오랫동안 이 유기체의 모델에 사로잡혀 있었다. 이 모델은 물론 다른 영역에서 설명의 패러다임으로 전용되곤 했다. 가령 아리스토텔레스는 〈시학〉에서 예술작품을 유기체에 비유한다. 서사시 안의 에피소드들은 플롯의 진행에 기여해야 하며, 전체와 관련이 없는 세부들은 삭제해야 한다는 것이다.

20세기에 들어와 이 유기체적 예술의 관념에 전복이 일어난다. 피카소나 브라크의 작품은 파편적 요소들의 기계적 결합, 이른바 몽타주다. 연극과 달리 영화는 시간과 공간을 달리하는 영상들의 몽타주로 이루어진다. '몽타주'라는 말이 공장에서 부품을 조립하는 것을 가리킨다고 할 때, 현대예술이 몽타주로 변한 것은 예술의 관념이 유기체에서 기계의 모델로 이행한 것을 의미할 게다.

자신의 논문 〈인간-기계〉(1748)에서 라 메트리는 재미있는 사례를 소개한다. '신체에서 분리된 근육을 자극하면 움직인다.' '개구리의 심장은 신체에서 떼어내도 한 시간 동안 박동한다.' '머리를 자른 닭도 한동안 뛰어다닌다.' 이 모든 사례는 물론 (헤겔이 대표적으로 보여준) 유기체 모델을 반박하기 위함이리라. 신체 부위가 전체와 떨어져도 한동안 작동한다면, 동물의 신체 역시 실은 기계와 크게 다르지 않다는 얘기가 되기 때문이다. 오늘날 환자의 장기를 인공장기나 타인의 장기로 대체할 때 사실 우리는 (마치 부품 교환하듯이) 신체를 기계처럼 다루고 있다.

이 17, 18세기의 기계론이 부활한 것일까? 오늘날 점점 더 많은 영역에서 기계론을 도입하고 있다. 촘스키는 유한수의 문장에서 무한수의 문장을 만들어내는 '언어기계'(변형생성문법)를 구상했다. 사회학에서는 도시를 종종 거대한 '사회기계social machine'로 간주한다. 정신분석학에서는 '욕망기계desiring machine'에 대해 이야기한다. 인공생명에서는 이른바 '세포기계cellular automaton'를 사용한다. 컴퓨터 공학에서는 오래 전부터 '추상기계abstract machine'를 사용해왔다. 한마디로 데카르트가 기계가 아니라고 했던 정신마저 이제 기계로 모델링하게 된 것이다.

움베르토 만투라나와 프란치스코 바렐라는 기계를 '자기생성하고, 자기생산하며, 구성요소를 항상적으로 재생산'하는 것으로 정의한다. 생명체, 가령 세포는 자기생성autopoiesis하는 기계가 될 것이다. 바렐라는 기술적 기계의 특성을 타자생성allopoiesis으로 규정한다. 가령 자동차 조립 공장은 모든 재료를 자기 바깥에서 들여오지 않던가. 펠릭스 가타리는 자기생성과 타자생성을 대립시키는 대신에 그 둘을 하나로 묶는 새로운 배치를 생각한다. 기계를 타자생성의 범주에 넣었던 바렐라와 달리, 그는 기계를 자아생성과 타자생성의 결합체로 바라볼 것을 제안한다.

이로써 기계와 생명을 가르는 장벽은 무너지고, 기계는 일종의 의사 생명체로 간주된다. 가타리에 따르면 생물처럼 기계도 개체발생과 계통발생을 한다. 그 기계를 낳은 계획, 구성, 설계, 지식 등이 개체발생의 요소라면, 그것의 앞서 존재한 기계와 그 뒤에 등장할 기계의 연결은 계통발생의 측면에 속한다. 그런가 하면 기계에도 유한성이, 말하자면 탄생과 죽음의 질서가 있다. 기계는 자기생성을 하면서 동시에 인터페이스를 통해 바깥과 교섭하며 타자생성을 하는 체계다. 펠릭스는 기계의 이 원생물학적proto-biological 성격에 원주체성proto-subjectivity을 부여한다.

이로써 존재와 대상을 가르던 장벽은 무너진다. 범기계론pan mechanism이라 할까? 세계는 이제 작은 기계들이 접속하여 더 큰 기계를 이루는 프랙털의 우주로 간주된다. 인간은 우주라는 기계의 관계망 속의 한 지절일 뿐이다. 인간-기계는 더 이상 은유가 아니다. 어차피 사이버네틱스에서는 생명을 자동제어기계로 보지 않던가. 인간 역시 우주를 이루는 다른 기계처럼 자기생성을 하면서 동시에 타자생성을 하는 존재다. 이제 목적론은 기계론에, '유기체의 형이상학'은 '기계의 형이상학'에 자리를 내주고, 형이상학은 여기서 뒤늦게 현대의 수준에 도달한다.

끊임없이 자기와 타자를 창조하는 기계를 바라보는 미학적 즐거움에는 당연히 윤리적 두려움이 따라다닌다. 기계를 생명으로 보는 것은 곧 생명을 기계로 보는 것을 의미하기 때문이다. 원래 철저한 유물론에는 섬뜩함이 따르기 마련이다. 그 느낌은 자동인형 올림피아를 보는 으스스함을 닮았다.

# 데드팬의 미학

deadpan

## 세계와 현존재 사이의 원초적 만남의 상태

몇 년 전 천안의 아라리오 갤러리에서 접한 토마스 루프의 초상사진들은 짓궂게 표현하자면, 일반인의 여권사진을 대형 포맷으로 확대해 미술관 벽에 걸어놓은 모양이었다. 인물들의 무표정한 얼굴도 차가웠지만, 애초에 대형 포맷으로 찍은 사진이라 날카롭고 선명한 나머지 보는 이까지 얼어붙게 만드는 듯했다. 이 독특한 효과, 그 극도의 썰렁함을 '데드팬deadpan'이라 부른다는 것, 그리고 이게 그만의 스타일이 아니라는 것을 알게 된 것은 나중의 일이었다. '데드팬'은 오늘날 출판이나 전시의 맥락에서 수용되는 사진의 주도적 양식이 되어버린 느낌이다.

'팬pan'은 얼굴을 가리키는 미국의 속어. 결국 '데드팬'은 '무표정한 얼굴'이라는 뜻이다. '위키피디아'는 데드팬을 '표정이나 동작의 변화 없이 유머를 제시하는 코믹한 전달의 한 방식', 즉 '단조롭거나, 근엄하거나, 역하거나, 혹은 무심한 투로 농담을 하는 것'으로 규정한다. 가령 영화 〈록키〉의 주인공은 매일 좋아하는 여인의 가게에 들러 농담을 하나씩 들려준다. 하지만 로키 자신이 워낙 무뚝뚝한 성격이라 웃음을 잃은 여인을 웃기려는 그의 시도는 늘 썰렁함만 남긴 채 끝난다. 이 대목에서 농담을 하는 로키의 그 무표정은 데드팬의 전형일 게다.

코미디의 한 장르를 가리키던 이 말이 최근엔 하나의 사진 양식을 가리키는 데에 사용되고 있다. 일체의 판단과 감정을 배제한 채 피사체와 거리를 유지하는 냉정한 사진의 전통은 멀리 1920년대의 신즉물주의Neue Sachlichkeit로 거슬러 올라간다. 당시 독일은 일차대전 직후의 혼란에서 벗어나 잠깐 동안 안정과 풍요를 구가하고 있었고, 이에 따라 예술도 요란하게 주관성을 표출하는 표현주의에서 벗어나 피사체와 심리적 거리를 유지하는 냉정한 객관적 양식으로 나아갔다. 오늘날 데드팬의 효시로 여겨지는 아우구스트 잔더의 사진은 이런 분위기에서 나왔다.

현대에 아우구스트 잔더의 전통을 이은 것은 이른바 '슈투트가르트파'의 창시자인 베른트와 힐라 베혀 부부夫婦일 것이다. 앞에서 언급한 토마스 루프는 이들에게서 사진을 배웠다고 한다. 잔더-베혀-루프로 이어지는 이 강력한 전통 때문에 오늘날 '데드팬'은 거의 독일 현대사진의 대명사로 여겨지나, 독일에 데드팬만 있는 것은 아니다. 나아가 데드팬이 독일에만 있는 것도 아니다. 데드팬의 미학은 안드레아스 거스키, 로버트 스미슨, 루이스 발츠는 물론이고, 솔 르윗과 같은 미니멀리스트, 에드 루샤와 같은 팝 아티스트에게서도 찾아볼 수 있다.

중요한 것은, '왜 그토록 많은 작가들이 오늘날 그 썰렁한(?) 사진에 열광하느냐' 하는 것이다. 인터넷에 들어갔더니 데드팬 열풍에 식상한 어느 작가의 푸념이 들린다. "우씨, 모델에게 '치~즈' 하지 말라 하고 찍으면 무조건 좋은 사진이 되는 거냐?" 사실 데드팬이 현대 예술사진의 대표적 주자가 된 까닭을 이해하기란 결코 쉬운 일이 아니다. 현대예술의 요체는 작가의 표현에 있으나, 데드팬은 작가의 개입을 철저히 배제한다. 아무 제재나 골라 판단과 감정을 배제한 채 그저 정밀하게 찍은 기계적 사진이 어떻게 '예술'(사진)이 될 수 있겠는가?

하지만 작가의 주관적 개입을 배제한다고 예술이 못 되는 것은 아니다. 가령 앤디 워홀을 보라. 그는 작가의 솜씨를 배제한 채 되도록 작품을 기계적 복제에 가깝게 만들려 했다. 그는 일부러 작가성authorship을 부정했으나, 외려 그 점에 그의 천재성이 빛난다. 물론 인쇄물에 가까운 그의 작품에서 작가의 성격, 감정, 생각을 읽어내기란 어려운 일이다. 하지만 그렇다고 워홀의 작품이 아무것도 담고 있지 않은 것은 아니다. 워홀의 작품은 이른바 '시뮬라크르'의 시대, 즉 복제가 자립하여 원본보다 더 실재적인 것으로 나타나는 시대의 예술적 증언이었다.

데드팬은 초상이나 풍경에만 있는 게 아니다. 포토저널리즘에도 비슷한 경향이 존재한다. 1980년대 이후 포토저널리즘에는 피사체와 냉정하게 거리를 취하는 사진들이 나타난다. 피사체에 대해 판단을 중지하는 바람에 의미가 흩어져 쓸모없어진 이 사진들은 저널리즘의 밖으로 나와 '예술'이 된다. '신 포토저널리즘New Photojournalism'이라 불리는 이 경향은 모던의 도덕적 강박과 정치적 위선에 대한 포스트모던의 반발이었다. 데드팬 역시 세계에 대해 정치적, 도덕적 입장을 취하는 것이 난폭하게, 구차하게, 혹은 역겹게 느껴지는 시대의 사진적 증언이리라.

하지만 이것만으로는 데드팬의 독특한 느낌, 그 황량하고 으스스한 분위기를 설명할 수가 없다. 데드팬에 대한 여러 해석 중에서 본질을 짚은 것은 하이데거의 철학을 동원한 설명으로 보인다. 피사체 앞에서 감성적, 이성적, 윤리적 판단을 배제하는 것은 자연스레 후설이 말한 '판단중지epoché'로 이어진다. 후설은 판단중지를 통해 '사상 자체로zur Sache selbst', 즉 우리의 지각 속에서 아직 자아/세계, 주관/객관이 구별되지 않는 상태로 돌아가려 했다. 데드팬의 사진이 보여주는 것은 모든 판단이 존재하기 이전의 이 원초적 상태가 아닐까?

근대철학은 주체/객체의 구분에서 출발하나, 하이데거는 스승의 뒤를 이어 아직 주체와 객체의 구별이 이루어지기 전의 지점에서 출발한다. 근대철학은 인간을 세계 밖에 놓았지만, 그는 인간을 '세계 안의 존재in-der-Welt-Sein'로 본다. 세계라는 자기장, 그 복잡한 관계와 연관의 망 속에 처해 있기에, 인간은 '현존재Dasein'라 불린다. 현존재가 '주체'가 되고, 세계가 '객체'로 전락하는 것은 추상을 통해 나중에 이루어지는 일. 주체가 되어 객체로 전락한 세계와 '인식론적' 관계를 맺기 전에 인간은 '존재론적'으로 이미 세계

속에 '처해 있다Befindlichkeit'고 한다.

이 맥락에서 흥미로운 것은, 주체가 객체와 인식의 관계를 맺기 전에 세계는 먼저 현존재에게 '기분Stimmung'을 통해 알려진다는 대목이다. '기분'이란 것은 물론 근대 인식론에는 존재하지 않는 어휘다. 예를 들어 산속에서 길을 잃고 으슥한 숲속에 들어간다 하자. 그곳이 어딘지, 거기에 뭐가 있을지 몰라도, 그곳의 분위기가 어떤지는 '기분'을 통해 우리에게 전달된다. 이렇게 현존재는 기분을 통해 자신을 세계에 개방한다. 일체의 판단을 중지한 데드팬 사진의 스산함은, 주객 분리에 앞서 현존재가 세계 속에서 느끼는 이 원초적 기분인지도 모른다.

일상에서 사물을 접할 때 우리는 '동물', '식물', '생물', '기계' 등 교육을 통해 습득한 다양한 범주 안에서 그것의 정체를 파악하게 된다. 그때 우리는 편안함at home을 느낀다. 하지만 그런 범주들을 무장해제당한 상태에서 사물을 접할 경우, 그것은 어떤 막연한 느낌이나 기분으로 다가올 게다. 그때 우리는 불현듯 우리에게 익숙한 세계가 서 있는 바탕을, 우리가 거기서 출발했으나 오래전에 잊어버린 근원을, 이른바 '존재와 존재자의 존재론적 차이'를 보게 된다. 일상에서 그런 일이 벌어질 경우, 우리는 그것을 불안하게unheimlich=not at home 느낄 것이다.

사진도 마찬가지다. 사진을 찍을 때에 우리는 대개 그 안에 피사체의 정체를 지시하는 코드(범주)를 집어넣기 마련이다. 하지만 데드팬은 그런 코드를 배제함으로써 우리를 불현듯 세계와 현존재 사이의 원초적 만남의 상태로 되돌린다. 데드팬 사진이 내뿜는 불편하게 스산한 분위기는 거기서 나오는 게 아닐까?

# 9

# 세계의 기분

한때 삶에 의미를 주었던 최종적 권위들은 무너졌다.
무의미한 삶이 기계적으로 반복된다는 느낌.
이것이 현대인이 느끼는 지루함의 요체가 아닐까?

카프카스러움kafkaesk

니힐리즘nihilism

지루함ennui

# 부조리 속의 무력함

## kafkaesk

현실 자체가
영원한 미로라면

"아주 이른 아침이었고, 거리는 깨끗하게 비어 있었다. 나는 역으로 발걸음을 옮겼다. 시계탑 시계와 내 시계를 비교해보고, 생각했던 것보다 너무 늦었음을 깨달았다. 서둘러야 했다. 이 사실을 깨달은 것이 길을 찾는 내 발걸음을 더 불안하게 했다. 게다가 나는 이 도시를 잘 알지 못했다. 다행히 근처에 순경이 있어서 그에게 달려가 숨 돌릴 틈도 없이 길을 물었다. 그는 미소를 지으며 내게 말했다. '너, 나한테 길을 가르쳐달라는 거니?' '예, 혼자서 길을 찾을 수 없어서요.' '포기해라, 포기해.' 사내는 이렇게 말하더니, 마치 웃음과 더불어 혼자 있고자 하는 사람처럼, 내게서 홱 몸을 돌렸다."

오래전 유학을 위해 독어 회화를 배우던 시절, 교재로 사용하던 책에서 발견한 카프카의 글이다. 단 하나의 문단, (독일어 원문으로) 다섯 개의 문장으로 이루어진 이 짧은 글이 내게는 도달할 수 없는 글쓰기의 이상으로 여겨진다. 지금은 '포기해Gibs auf'라는 제목으로 알려져 있지만, 카프카가 남긴 원고에는 제목 없이 그저 '코멘트Kommentar'라고만 적혀 있었다고 한다. 무엇에 대한 코멘트였을까? 알 수 없다. 저 짧은 글에 묘사된 상황은 카프카가 실제로 겪은 일일까? 아니면 언젠가 꿈에서 본 장면일까? 상황 자체가 몽환적이어서 어느 쪽으로도 대답하기 어렵다.

무언가로부터 도망치는 꿈을 생각해보자. 온 힘을 다해 발을 움직여도 몸은 제자리걸음만 할 뿐이다. 그러는 나를 비웃기나 하듯이 나를 쫓는 이는 성큼성큼 다가온다. 도주는 무의미하다. 비슷하지 않은가? 글 속의 주인공은 자기가 잘 알지 못하는 그 도시에서 빠져나오려 한다. 기차를 놓치면 도시에서 빠져나갈 수가 없는데 기차의 출발 시간은 다가오고, 나는 역에 도달할 길이 없다. 하지만 도시는 거대한 미로. 거기서 유일한 구원자로 여겼던 순경은 외려 '포기하라'며 나의 노력을 비웃는다. 현실에서 충분히 벌어질 수 있는 상황이나, 어딘지 악몽처럼 섬뜩한 데가 있다.

고유명사 뒤에 '스럽다'는 어미를 붙여 형용사를 만드는 어법이 있다. 독일어에도 '카프카스럽다kafkaesk'라는 낱말이 존재한다. 두덴 사전Duden은 '카프카의 묘사방식처럼'이라는 설명과 더불어 그것을 '수수께끼 같으면서 섬뜩하고 위협적인'이라 정의한다. '카프카스러움'은 수수께끼처럼 알듯 모를 듯하여 무서움을 주는 것, 한마디로 언캐니unheimlich한 것이다. 이 속성은 상황의 효과이자 동시에 묘사의 효과. 즉 카프카스러운 것은 글 속에서 주인공이 처한 상황이 자아내는 효과이자, 동시에 의미가 불확실하여 명확한 해석을 거부하는 텍스트 자체의 효과이기도 하다.

저 텍스트는 어떤 장르에 속할까? 카프카의 짧은 글을 흔히 '우화' 혹은 '비유Parabel'라 부른다. 하지만 비유는 메시지가 비교적 명확하다. 가령 신약성서에 나오는 예수의 비유들을 생각해보자. 탕자의 비유는 인간에 대한 신의 사랑을, 달란트의 비유는 타고난 재능의 문제를, 선한 사마리아 사람은 민족을 초월한 도덕의 보편성을 말한다. 예수의 비유는 "마음이 가난한(=무식한) 자들"을 위해 신학과 윤리의 추상적 문제를 이해하기 쉬운 일상에 빗대어 설명한다. 하지만 카프카는 다르다. 그는 이해하기 쉬운 일상의 상황마저 영원히 풀 수 없는 수수께끼로 제시한다.

그 때문에 카프카의 텍스트는 다의적으로 해석된다. 움베르토 에코는 카프카의 글이 크게 사회학적, 신학적, 실존주의적, 정신분석학적 해석의 네 가지 독해가 가능하다고 말한다. 가령 사회학적 해석을 하는 이들은 위의 텍스트에서 자본주의 관료제 권력의 망에 걸려 허우적거리는 푸코의 주체를 볼 것이고, 실존주의적 해석을 하는 이들은 그 이야기에서 무의미와 부조리한 세계에 사는 현대인의 실존적 상황을 볼 것이다. 또 신학적 해석을 하는 이들은 거기서 필사적으로 신을 찾아 헤매는 인간, 혹은 신을 잃은 무의미 속을 방황하는 인간의 얘기를 읽을 게다.

정신분석학적 해석을 하는 이들은 그 이야기 속의 경찰관에게서 카프카의 아버지를 볼 것이다. 어린 시절 역경을 극복하고 자수성가한 아버지는 아들에게도 자기가 가졌던 것과 같은 강인함을 요구한다. 하지만 나약한 아들은 아버지의 요구와 기대를 번번이 저버리며 매번 좌절에 빠지고 만다. 거기서 오는 무력감, 고립감, 고독감과 그 뒤로 이어지는 실존적 체념의 상태. 카프카의 아버지가 동시에 라캉이 말하는 상징계의 '아버지'를 의미한다고 본다면, 이 상황은 그저 카프카 개인의 체험에 그치는 게 아니라, 동시에 상징계의 아버지를 두려워하는 모든 자식들의 체험이 될 것이다.

형식언어를 사용하는 과학자들에게는 문학의 언어가 너무 다의적이어서 혼란스러울지도 모르나, 문학적 정보처리의 본질은 바로 그 애매모호함에 있다. 가령 고교 시절 국어시험에서는 한용운의 '님'이 부처와 조국과 연인을 모두 가리킨다고 써야 한다. 시인이 하나의 시 안에 종교적, 애국적, 개인적 메시지를 동시에 담아놓았기 때문이다. 카프카 역시 네 개의 언어(신학, 사회학, 실존주의, 정신분석학)로 얘기할 것을 하나의 문단으로 압축시킨다. 이처럼 상이한 코드들이 교차하는 지점을 포착했기에, 저토록 짧은 텍스트로도 그토록 많은 해석을 낳을 수 있는 것이리라.

사실 카프카의 글에 대한 모든 해석은 어느 정도 과잉 해석이라고 할 수 있을 게다. 글 자체가 워낙 짧은 데다가 상황의 설정 자체도 너무 불확실하여 특정 해석을 뒷받침할 근거들을 찾기가 어렵기 때문이다. 가령 위의 글에는 '내'가 누군지, '내'가 왜 떠나려 하는지, 그 도시가 어디며 또 어디로 가려 하는지가 전혀 나타나 있지 않다. 순경이 다짜고짜 반말을 하며 도움을 거절하는 이유도 끝내 드러나지 않는다. 하지만 이 불확실성이 주는 두려움과 불안함, 그리고 해석의 미결정성이 주는 혼란함과 불편함이야말로 카프카스럽다kafkaesk고 할 수 있을 것이다.

카프카의 산문을 '로르샤흐 그림'에 비유하는 이도 있다. 로르샤흐 그림이 그린 이보다 보는 이의 심리를 알려주듯이, 카프카에 대한 해석 역시 저자보다는 평자의 생각을 알려준다는 것이다. 실제로 그럴지도 모르겠다. 인터넷에서 접한 어느 글은 이 이야기에서 '주인공이 시계탑의 시계보다 제 손목시계를 믿었어야 한다'는 썰렁한 교훈(?)을 끄집어내고 있었다. 굳이 그 그림을 기술하라고 한다면, 카프카의 체념을 이렇게 읽고 싶다. '현실 자체가 영원한 미로라면, 헛되이 거기서 나오는 길을 찾느니—어느 미로에 적힌 명문처럼—그 안에서 현명하게 길을 잃어야 한다.'

상황은 철저히 일상적이다. 이상한 것이 있다면, 순경이 다짜고짜 '너du'라 반말로 대꾸한다는 것. 그런데도 분위기는 초현실적이다. 이렇게 일상을 환상으로, 악몽으로 제시하면서 '언캐니unheimlich'한 효과를 자아내는 데에 카프카스러움의 본질이 있다. 이야기는 물론 카프카 개인의 일상에서 나왔을 게다. 하지만 그 일상은 카프카라는 한 개인을 넘어 모든 이의 환상, 인류의 악몽이 된다.

일상을 환상으로,
악몽으로 제시하는 카프카스러움.
그 일상은 카프카라는 한 개인을 넘어
모든 이의 환상, 인류의 악몽이 된다.

# 신을 버린 세계의 허무함

## nihilism

### 모든 절대성을 부정하며 허무의 상태를 끌어안다

'니힐리즘'은 '무'를 의미하는 라틴어 '니힐nihil'에서 온 말이라고 한다. 이 개념이 널리 알려진 것은 역시 이반 투르게네프의 소설 〈아버지와 아들〉을 통해서다. 거기서 니힐리스트는 "어떤 권위 앞에서도 굴하지 않고, 아무리 주위에서 존경받는 원칙이라고 해도 그 원칙을 신앙으로 받아들이지 않는 사람"이라 소개된다. 니힐리스트인 주인공 바자로프는 파벨 키르사노프에게 "가족 안에서든, 사회 안에서든 절대적 경멸을 받지 않을 만한 제도가 하나라도 있다면 니힐리스트이기를 포기하겠노라"고 말한다.

하지만 '니힐리즘'이라는 개념을 처음 철학에 도입한 것은 프리드리히 야코비라는 독일의 철학자였다. 우리 눈에는 다소 생뚱맞게 보이지만, 그는 이 용어를 '이성주의'를 비판하는 데에 사용했다고 한다. 가령 칸트의 비판철학처럼 인간의 이성을 믿는 철학은 필연적으로 니힐리즘에 빠질 수밖에 없으며, 여기에서 벗어나려면 이성을 모종의 신앙이나 계시로 대체해야 한다는 것이다. 정확한 논증은 알 수 없지만, "물 자체는 알 수 없다"고 한 칸트의 불가지론이 '인식론적' 니힐리즘으로 보였을 법도 하다.

키에르케고르는 니힐리즘을 '균일화levelling'의 결과로 파악한다. 모난 돌이 정 맞는다고 할까? '균일화'란 사회가 한 개인의 개성을 더 이상 다른 이들과 구별될 수 없을 정도로 말살하는 것을 말한다. 가령 어떤 대의에 헌신할 열정을 가진 개인도 이 사회는 사정없이 균일화시켜 기어이 맥 빠진 평균으로 되돌려놓는다. 이때 저만의 가치와 의미를 확인할 수 없게 된 개인은 허무의 상태에 빠져든다. 키에르케고르는 이 니힐리즘을 극복하고 유의미한 삶을 되찾아야 한다고 주장한다.

키에르케고르는 여전히 유의미한 삶이 가능하다고 보았지만, 본격적인 니힐리즘은 객관적이거나 절대적인 가치는 이 세상 어디에도 없다는 느낌과 더불어 시작한다. 니체가 말한 니힐리즘은 이런 것이었으리라. 그의 니힐리즘은 '관점주의perspectivism'와 관련이 있다. 원근법의 시점이 항상 '그 누군가'의 시점이듯이, 니체에게는 모든 주의나 주장은 언제나 '그 누군가'가 한 말이다. 따라서 객관적 인식이나 절대적 도덕이 있을 리 없다는 것이다. 엔트로피의 증가로 인한 가치관의 열사熱死라고 할까?

비슷한 현상은 다른 데서도 볼 수도 있다. 음악에는 '황금의 5음정'이라는 게 있다. 어떤 조든 자기와 5음정 떨어진 조와 음계가 비슷하다. 가령 C장조의 음계는 F에 #만 붙이면 바로 G장조 음계가 된다. 이를 이용하면 C장조의 곡이 자연스레 G장조로 넘어갔다가 되돌아올 수가 있다. G장조는 다시 거기서 5음정 떨어진 D장조와 음계가 유사하다. C에 #만 붙이면 된다. '황금의 5음정'을 이용하면 C장조의 곡이 자연스레 G장조로, 거기서 D장조로 잠시 소풍을 갔다가 다시 C장조로 돌아올 수가 있다.

하지만 일탈은 일시적이기에 곡 전체를 지배하는 것은 여전히 C장조다. 고전음악에는 전체를 지배하는 조가 있다. 가령 베토벤의 5번 〈운명〉은 C단조, 9번 〈합창〉은 D단조다. 하지만 위에 언급한 과정을 계속하면 어떻게 될까? 가령 한 걸음만 더 내디뎌 E장조까지만 소풍을 다녀와도 결과는 혼란스러울 것이다. C→G→D→E→D→G→C. 이쯤 되면 전체를 지배하는 조가 무엇인지 알 수 없게 된다. 이를 극단적으로 밀고 나가다보면, 자연스레 곡 전체를 지배하는 조를 아예 없애버리자는 생각에 이르게 된다.

여기서 무조음악이 탄생한다. 가령 쇤베르크의 12음기법에서 모든 음들은 전체의 지배에서 자유로워진다. 음악은 음표들의 수학적 조합에 가까워진다. 곡의 엔트로피(무질서도)가 커지면서 '음악적 의미'라는 것도 사라져버린다. 이를 '음악적 니힐리즘'이라 할 수 있지 않을까? 전체를 지배하는 조가 사라진 음악을 듣는 청중은 지지대를 잃고 허공에서 부유하는 느낌일 게다. 웬만한 인내 없이는 이 지루함을, 이 혼란함을 이길 수 없으리라. 진정한 니힐리스트란 이런 음악에 단련된 자를 닮지 않았을까?

미술에서도 비슷한 일이 일어났다. 과거의 예술이 정서적 쾌를 주기 위해 '아름다움'을 추구했다면, 현대미술은 지성적 충격을 주기 위해 '새로움'을 추구한다. 그 결과 얻게 된 것은 짧은 시간 동안 존재했다가 사라지는 수많은 예술언어들. 물론 이 언어들은 저마다 자신이 그 앞의 것들보다 낫다고 주장하나, 이렇게 짧은 시간 안에 예술언어들이 쏟아지다보면 나중엔 다 고만고만해져 어떤 것도 다른 것보다 더 진보적이라 주장할 수 없는 단계에 도달한다. 모던이 포스트모던으로 넘어가는 지점이다.

그뿐인가? 현대의 추상예술은 그 극점에서 더 이상 예술이 아닌 것으로 변모하는 경향이 있다. 가령 몬드리안, 칸딘스키, 레제의 기하학적 추상은 회화라기보다는 기술적 설계도나 청사진에 가까워진다. 초현실주의는 무의식에 떠오르는 상이나 말을 그대로 기록하는 이른바 '자동기술법'을 사용한다. 여기서 예술가는 기계, 즉 자동기록장치가 된다. 정점은 뒤샹의 변기일 것이다. 여기서 작품은 아예 사물이 된다. 뒤샹의 이 반反미학, 혹은 비非미학은 미학적 니힐리즘의 절정이라 할 수 있다.

앤디 워홀은 미학적 니힐리즘 시대에 예술이 사는 방식을 보여준 게 아닐까? 그는 매스미디어의 이미지나 대량생산된 상품을 회화적 주제로 삼음으로써 예술과 비예술의 경계가 사라졌음을 증언한다. 그의 작품에서는 동일한 이미지가 수없이 반복된다. 이는 키에르케고르가 말한 '균일화'를 연상시킨다. 니힐리스트의 눈에는 사회를 시끄럽게 하는 정치적, 도덕적, 종교적 가치관들은 정확히 워홀이 그린 깡통들만큼 서로 다를 게다. 워홀은 종말론의 엄살

없이 이 끔찍한 사실을 명랑한 어조로 환영한다.

니힐리즘은 현대인의 조건conditio humana moderna이 되었다. 인식의 니힐리즘, 도덕의 니힐리즘, 미학의 니힐리즘. 아직도 철학이 해야 할 일이 남아 있다면, 인간들에게 이 보편적 무의미에서 벗어나는 길을 제시하는 것이리라. 일찍이 니체는 허무와 마주치는 두 가지 방식을 제시한 바 있다. 하나는 허무를 이기기 위해 외부의 가치에 자신을 의탁한 채 그것을 절대적인 것으로 떠받드는 것이다. 다른 하나는 허무를 받아들이고 자신의 내부에서 새로운 도덕을 만들어내는 것이다.

어떤 오류(?)가 역사적으로 계속 반복된다면, 거기에는 어떤 절실한 요구가 깔려 있다고 봐야 한다. 중세 이후에도 사람들이 종교를 믿는 것은 과학에 무지해서가 아니다. 종교적 광신은 무너진 가치들의 폐허 속에서 허무를 극복하려는 처절한 몸부림이다. 모든 흘러간 주의의 주창자들도 마찬가지다. 그들은 삶의 무의미를 극복하기 위해 발버둥 치고 있는 것이다. 종교와 이념의 신봉자들이 흔히 보이는 독단적 태도는 실은 타인의 비판이 아니라 자신의 불안을 쫓기 위한 것이다.

이렇게 외부에 존재하는 가치를 절대화함으로써 삶의 근원적 무의미를 망각해버리는 것이 노예의 도덕이다. 반면, 주인의 도덕은 모든 주의와 가치의 절대성을 부정하며 거기서 나오는 허무의 상태를 기꺼이 끌어안는다. 아마도 이것이 진정한 니힐리스트의 길일 것이다. 니힐리스트가 주의와 도덕의 싸움을 무의미하게 보는 것은 아니다. 그 역시 그 '놀이'에 꽤 열정적으로 참여할 수가 있다. 하지만 그때조차도 그는 자신이 변호하는 주의나 가치가 근원적으로 상대적이라는 의식을 놓지 않을 것이다.

# 참을 수 없는 존재의 지루함

ennui

무의미한 삶이 기계적으로
반복된다는 느낌

"강간, 독약, 단검, 방화가 우리 불쌍한 인생들의 진부한 캔버스를 그 유쾌한 디자인으로 수놓지 않았다면, 그것은 우리의 영혼에 담대함이 부족하기 때문이리라. (…) 우리 악덕의 추잡한 짐승들 중에, 더 추하고 더 악하고 더 더러운 놈이 있다. 비록 커다란 제스처를 취하지도, 커다란 울부짖음을 내지도 않지만, 그놈은 지구 위를 어기적거리며 커다란 하품 속에 기어이 세계를 삼켜버리려 할 것이다. 그놈은 바로 지루함ennui이다! 독자여, 눈물이 고인 듯이 축축한 눈을 가진 그놈은 물담배를 피우며 처형대를 꿈꾼다." (보들레르 〈악의 꽃〉 서문)

철학은 전통적으로 인간의 정신 활동 중에서 주로 '인식'이나 '지각'에 관심을 기울였다. 이 인식론주의 전통에 익숙한 정신에 이른바 '실존철학'의 개념들은 매우 당혹스럽게 느껴질 게다. 가령 〈존재와 시간〉에서 하이데거가 갑자기 '기분Stimmung'에 대해 이야기하는 대목을 생각해보라. 어떻게 그런 게 철학의 주제가 될 수 있을까? 기분이란 학적으로 객관화하기에는 너무나 주관적인 느낌이 아닌가. 하지만 하이데거의 생각은 다르다. 그에게 느낌은 이성보다 근원적인 것이다. 즉, 세계는 '인식'을 통해 알려지기 이전에 먼저 '기분'을 통해 열린다.

느낌이 이성보다 근원적이라 보는 철학에서는 당연히 '기분'이 중요한 주제가 된다. '역겨움Ekel'과 더불어, 철학적 의미를 갖는 기분이 또 있다면, 아마도 '지루함ennui'일 것이다. 실존철학의 담론에서 '지루함'이 중심적 위치를 차지한다는 것은, 그것이 아예 현대인의 조건이 되었음을 보여주는 게 아닐까? 한때 삶에 의미를 주었던 최종적 권위들(신, 국가, 이념)은 무너졌다. 산업화한 도시 속에서 모든 것은 기계적으로 반복된다. 이렇게 무의미한 삶이 기계적으로 반복된다는 느낌. 이것이 현대인이 느끼는 지루함의 요체가 아닐까?

지루함에도 종류가 있다. 가령 외부의 대상에 대한 지루함이 있을 수 있다. 가령 우리는 영화나 소설을 보면서 지루함을 느낀다. 하지만 중요한 것은 아마도 내면에서 올라오는 지루함이리라. 삶 자체가 쳇바퀴처럼 돌고 있다는 느낌. 물론 지루함이 언제나 부정적인 것은 아니다. 때로 지루함은 휴식과 반성의 계기를 제공하며 우리를 새로운 창조로 이끈다. 하지만 그 어떤 삶의 행위로부터도 의미를 얻지 못하는 경우도 있다. 이 절대적 지루함은 인간을 보들레르가 말한 "처형대"로 이끌 수 있다. 자살에 반드시 처절한 이유가 있어야 하는 것은 아니다.

보들레르의 시 속에서 지루함은 악惡에 대한 관심으로 이어진다. 범죄에는 대개 동기가 있다. 그것은 금전, 치정, 아니면 원한 같은 것들이다. 하지만 우리를 진정으로 전율케 하는 것은 동기가 없는 범죄다. 가령 '칼을 들고 나가서 제일 먼저 마주치는 사람을 찌르겠다'. 여기에는 이유가 없다.(그래서 '묻지 마' 살인이라 부른다.) 동기가 없다는 점에서, 그것은 외적 동기를 가진 다른 불순한(?) 범죄들과는 분명히 구별된다. 한마디로 그것은 조건이나 대가가 없는 순수 악이다. 이런 종류의 범죄에 굳이 원인이랄 게 있다면, 그것은 아마 '지루함'에서 찾아야 하지 않을까?

조커도 이와 비슷할 게다. 그가 범죄를 저지르는 것은 고담시가 미워서가 아니라, 고담시가 지루해서인지도 모른다. 그 지루함에는 물론 '배트맨'으로 인격화한 진부한 서사, 즉 '악을 물리치는 정의의 사도'라는 위선적 서사에 대한 역겨움이 동반된다. 배트맨이 나타나지 않으면 어떻게 될까? 내가 조커라면, 금방 게임에 흥미를 잃고 인질로 잡은 이들을 그냥 풀어줄 게다. 오직 배트맨과의 대결만이 조커에게 재미를 줄 수 있기 때문이다. 따라서 진정으로 도시의 평화를 원한다면, 배트맨은 고담시를 떠나야 한다. 그러면 조커는 스스로 목숨을 끊을 것이다.

미시마 유키오가 자살한 진정한 이유 역시 지루함에서 찾아야 하지 않을까? 〈정의론〉의 저자 마이클 샌들은 자신의 공동체주의를 정당화하기 위해 "삶에 서사를 부여할 필요성"을 든다. 그의 말대로 삶이 의미를 가지려면 거기에 내러티브가 있어야 한다. 패전으로 일본이 잃은 것은 바로 그 서사다. 전후의 일본은 전사의 미덕으로 이룩한 시적 위대함을 잃고, 이해관계만 따지는 경제동물들의 산문적 사회로 전락해버렸다. 얼마나 지루한가? 그 지루함을 깨뜨릴 서사를 도입하기 위해, 그로써 자신과 동족의 삶에 의미를 주기 위해 그는 배를 갈라야 했을 게다.

신이 세상을 창조한 것은 지루함 때문이 아니었을까? 아무튼 신은 자신의 창조가 흡족했던 모양이다. "보시기에 좋았더라." 문제는 그 다음이다. 이야기가 재미있으려면 예측할 수 없는 부분이 있어야 한다. 하지만 신은 정의상 전지전능한 존재. 모든 일의 진행을 이미 아는 신에게 세계가 대체 무슨 재미가 있을까? 모든 결말을 미리 알기에 신은 웃을 수가 없다. 모든 일을 되돌릴 수 있기에 신은 슬퍼할 수도 없다. 웃지도 울지도 못하면서 신은 이 우주적 규모의 지루함을 어떻게 견디는 걸까? "신은 죽었다"는 니체의 말이 사실이라면, 사인은 아마 자살일 것이다.

세계를 창조하는 것은 지루함을 이기는 방법일 수 있다. 빌렘 플루서는 유전자 조작으로 새로운 종種을 만들어내는 기획의 열렬한 옹호자다. "왜 우리의 말들은 아직 초저녁 햇살을 받으며 초원 위에 형광색 그림자를 드리우지 않는가?" 그의 주장에 따르면, 과거의 예술가들이 팔레트 위에 물감들을 올려놓고 캔버스를 다채롭게 했듯이, 미래의 예술가들은 팔레트 위에 유전자를 올려놓고 동물의 신체에 다채로운 형광색을 입힐 거란다. 왜 그래야 할까? 그는 이렇게 정당화한다. "미래의 인류는 인구폭발, 환경오염 이전에 먼저 지루함으로 위협받을 것이다."

삶에 의미란 게 있을까? 그런 것은 애초에 없을지 모른다. '의미'란 것은 근원적 지루함을 망각하기 위해 억지로 지어낸 '서사'에 불과하며, 삶의 '서사'란 그저 삶의 근원적 무의미를 감추기 위한 뻔뻔한 허구일지 모른다. 실제로 몇몇 종교에선 그렇게 가르치지 않던가. 하지만 종교에 귀의한다고 될 일이 아니다. 아무리 생각해도 천당에 올라가 영원히 예수의 설교를 듣거나, 해탈하여 윤회의 고리에서 벗어나는 것보다는 차라리 현세에서 영원히 재방송을 보는 게 덜 지루해 보인다. 종교가 인간을 유한성에서 구할지는 몰라도 지루함에서 구해줄 것 같지는 않다.

삶의 지루함에서 벗어나는 데에는 크게 세 갈래의 길이 있을 것이다. 범죄, 창조, 자살이 그것이다. 먼저 '범죄'는 산문적 삶 속에 인위적으로 영웅적(?) 서사를 도입한다. '예술'은 창작을 통해 삶에 시적 리듬을 부여해 그것의 지루함을 견디게 해준다. '자살'은 문제의 궁극적 해결책으로, 삶이라는 지루한 산문에 그냥 종지부를 찍는 것이다. 이 세 가지 길은 서로 합류할 수도 있다. 가령 총기 살인범들은 대개 범죄를 자살로 마감하고, 연쇄살인범들은 종종 범죄를 예술로 착각하며, 널리 알려진 것처럼 미시마 유키오는 자살을 일종의 예술로 연출했다.

하지만 진정으로 영웅적인 것은 이 절대적 지루함을 분과 초 단위까지 충만하게 견뎌내는 인내심에 있지 않을까? 어느 에세이에 나오는 발터 베냐민의 말이 혹시 답이 될지 모르겠다.

"파괴적 성격은 인생이 살 만한 가치가 있다는 감정이 아니라, 자살이 할 만한 가치가 없다는 감정으로 세상을 살아간다."

# 10

# 사악한 유혹

범죄와 예술 사이에는 공통점이 있다.
바로 기존의 규칙을 파괴한다는 것이다.
위대한 범죄에는 예술성이 있고,
위대한 예술에는 범죄성이 있다.

악mal

역겨움abject

엑스터시ecstasy

# 악마의 철학

mal

악마를 잡기 위해
악마보다 더 잔혹할
필요는 없다

'선'과 '악'은 일상에서 벌어지는 인간의 행위를 평가하는 술어에 불과하다. 하지만 고대와 중세의 인간들은 형용사에 속하는 이 술어를 '천사', 혹은 '악마'와 같은 명사로 실체화했다. 형이상학적 실체로서 악마의 피날레를 장식한 것은 아마 근대 초기의 마녀사냥이었을 것이다. 그때 사람들은 진지하게 악마의 실존을 믿었고, 악마의 자식들을 찾아내어 절멸시키려 했다. 사탄을 쫓아내려는 그 행위 자체가 결과적으론 사탄의 역사役事였다는 역설. 이는 선과 악의 경계가 얼마나 불안한지를 보여준다.

이것이 신학적 악마라면, 이른바 '가치의 전도'가 횡행하던 낭만주의 시대에는 새로운 유형의 악마, 즉 미학적 버전의 악마가 등장한다. 낭만주의 특유의 '아이러니' 감성은 악마 속에서 천사를 보고, 천사 속에서 악마를 본다. 위선(천사표 악마)에 대한 혐오는 위악(악마표 천사)에 대한 선호로 이어진다. 낭만주의자들의 악마는 예술적 천재다. 천재는 기존의 규칙을 모두 파괴하기에 세인의 눈에는 마치 악마처럼 보인다. 하지만 그들은 위선으로 전락한 낡은 도덕을 파괴함으로써 더 높은 차원의 도덕을 예비한다.

범죄와 예술 사이에는 공통점이 있다. 바로 기존의 규칙을 파괴한다는 것이다. 위대한 범죄에는 예술성이 있고, 위대한 예술에는 범죄성이 있다. 꽤 그럴 듯하게 들리는 이 말은 때로는 위험할 수 있다. 가령 '예술을 위한 예술'이라는 유미주의 원리의 극단적 경우를 생각해보라. 로마 시내에 방화를 하고 리라를 켜며 시를 읊었다는 네로 황제, 옆집에 불을 질러놓고 소나타를 연주한다는 김동인의 〈광염 소나타〉, 그리고 전쟁의 참상에서 새로운 미학적 원리에 대한 영감을 얻어야 한다는 마리네티의 '미래주의 선언'.

영화 〈다크 나이트〉의 조커 캐릭터가 인상적인 것은 중세와 근대의 악마를 한 몸에 결합시키고 있기 때문이다. 한편으로, 조커는 신학적 악마의 형상을 하고 있다. 그는 순수 악을 추구한다. 저 혼자 악행을 하는 데에 그치지 않고, 글자 그대로 사람들을 '시험에 들게' 만든다. 인질들을 납치범으로 분장시켜 진압부대를 무고한 이들의 살인에 동참시키거나, 두 그룹의 인질들을 살아남기 위해 서로 상대를 죽여야 하는 극한적 선택으로 몰아넣는다. 그야말로 인간으로서 사탄의 역할을 하는 셈이다.

동시에 조커는 미학적 악마의 특성을 갖고 있다. 조커의 범행에는 뚜렷한 실용적 동기가 없다. 그는 금전을 얻거나 성욕을 충족

시키기 위해 범행을 저지르지 않는다. 이 무관심성은 예술작품의 특성이기도 하다. 따라서 중요한 것은 그가 하는 행위의 사악함이 아니다. 그 사악함의 무대를 디자인하는 그의 연출력이다. 때문에 배트맨은 조커의 사악함과 맞서 싸우기 전에 먼저 한계를 모르는 그의 상상력과 싸워야 한다. 배트맨의 정의는 궁극적으로 승리하나, 적어도 상상력의 싸움에서만은 늘 조커에게 패배한다.

조커와 배트맨의 대결은 구약성서 욥기에서부터 내려오는 신학적 관념, 즉 '신과 악마의 내기'를 닮았다. 동시에 그것은 예술적 놀이이기도 하다. 바둑이나 장기가 재미있으려면 훌륭한 적수가 필요하듯이, 배트맨이 없었다면 조커는 아마 그 못된 놀이를 그만두거나, 계속하더라도 매우 지루해 했을 것이다. 신학적 악마의 적은 '정의'이나, 미학적 악마의 적은 '권태ennui', 즉 참을 수 없는 삶의 지루함이다. 〈다크 나이트〉의 경우 거기에 히스 레저의 뛰어난 연기가 합쳐지면서, 조커의 형상에서 관객은 모종의 숭고함을 느끼게 된다.

'악마를 보았다'고 해서 극장에 갔는데, 정작 악마를 보지 못했다. 영화의 곳곳에서 〈다크 나이트〉를 참조한 흔적이 감지된다. 가령 영원히 웃으라고 입을 찢어버리는 장면이나, 범인의 가족에게 그의 처형을 맡기는 장면, 특히 경철이 수현과 일종의 게임 상태로 들어간다는 설정 등은 어쩔 수 없이 〈다크 나이트〉를 연상시킨다. 아니, 그 이전에 영화 〈악마를 보았다〉는 제목 자체가 조커와 비슷한, 혹은 그와는 전혀 다른 유형의 순수 악, 절대 악을 보여주겠다는 감독의 의지를 보여준다. 하지만……

조커는 신학적 악마의 형상을 하고 있다.
그는 저 혼자 악행을 하는 데 그치지 않고,
사람들을 시험에 들게 만든다.

악마성은 단순한 잔혹성 '이상'의 것이나, 이 영화에서 그 '이상'을 보기란 힘들다. 물론 경철의 악마성이 느껴지는 대목이 없는 것은 아니다. 가령 살려달라고 비는 척하다가 다시 욕하는 모드로 돌아오는 장면이 있다.(여기서 중요한 것은 경철이 수현의 알량한 코드를 '비웃고 있다'는 점이다.) 경철의 악마성이 가장 잘 산 부분은 여자의 머리를 둔기로 내리쳐 피를 튀기는 장면이 아니라, 그가 마지막 할 일을 해치우고 자수하는 장면이었다. 어떤 의미에선 이것이 사지를 절단하는 것보다 더 잔혹한 것이다.

경철을 닮아가는 수현의 악마성은 표적을 잃은 느낌이다. 조커의 수법처럼 애먼 이들에게 처형을 맡기는 그의 복수는 관객에게 허탈함을 준다. 어차피 경철은 집에서 내놓은 자식, 그에게 가족이 무슨 의미가 있겠는가? 차라리 경철이 자수하는 장면으로 영화를 끝냄으로써 절대악 앞에서 인간이 느끼는 무력감을 보여주는 게 나을 뻔했다. 태연히 자기에게 사형을 선고해달라고 말하는 흉악범의 실존적 냉소 앞에서 '법'의 칼은 무력해진다. 이렇게 정의 자체를 해체시키는 것. 절대 악은 그런 것이다.

'하드코어hard core'와 '하드고어hard gore'의 언어적 유사성은 실은 장르의 유사성을 함축한다. 움베르토 에코에 따르면, '하나의 에피소드에서 다른 에피소드로 이행하는 시간이 쓸데없이 오래 걸리는 것'이 포르노다. 굳이 성기를 드러내야 포르노가 아니라, 플롯의 진행에 필요한 이상의 시각적 과잉은 어떤 의미에서 모두 포르노라는 얘기다. 감독 자신도 이 영화를 '고어 스릴러'로 이해하는 모양이다. 이 영화가 악마성의 철학적 탐구보다 잔혹함의 시각적 현시에 주력하는 것은 아마 그 때문일 것이다.

하지만 감독이 그 이상의 것을 추구하려 했다면, 악마성을 '행위의 잔혹함'보다는 '생각의 사악함'에서 찾아야 했을 것이다. 하지만 영화는 시종일관 생각보다는 행위에, 정신보다는 육체에 집착하고, 복수 역시 범인의 정신에 고통을 주기보다는 그의 신체에 잔혹함을 행하는 쪽으로 이루어진다. 하지만 스스로 "고통도 공포도 못 느낀다"고 말하는 자의 신체를 파괴하는 것은 무의미한 일. 수현은 그 게임을 통해 경철의 생각을, 그의 기획을, 그의 삶을 지탱하는 코드를 파괴했어야 한다.

니체의 말대로 "가장 큰 비판은 상대의 이상을 비웃어주는 것". 흉악범들은 언젠가 자신의 신체 역시 파괴되리라 예감한다. 그들의 (생물학적, 혹은 사회학적) 죽음은 이미 그들의 기획 속에 포함되어 있다. 사탄은 적그리스도Antichrist다. 죽음을 무릅쓰고 어떤 가치를 추구한다는 점에서 그들의 행위 역시 영웅적이다. 다만 그들이 추구하는 가치가 선이 아니라 악이라는 점에서, 그들은 반영웅Antihero라 할 수 있다. 이 내용 없는 형식적 영웅주의야말로 모든 위대한(?) 범죄의 진정한 동기다.

악마를 비판하는 형식은 이것에 대한 비웃음이다. 악마도 상처를 받는다. 악의 영웅에게 '나쁜 놈'이라 욕하는 것은 의미가 없는 일. 그들에게 상처를 주는 것은 정작 "그래 봤자, 너는 듣보잡"이라는 말이다. 그가 절대 악이 아니라 상대 악에 불과하다는 사실. 그가 위대한 영웅이 아니라 한갓 잡것, 동네 양아치에 불과하다는 사실. 진정한 복수는 악마가 이를 자기 내면에서부터 스스로 인정하게 만드는 데서 성립한다. 악마를 잡기 위해 악마보다 더 잔혹할 필요는 없다. 악마를 잡으려면 악마보다 더 사악해야 한다.

# 예술과 구토

abject

역겨움,
그 금지된 욕망을
표현하고 실현하는 예술

동물 사체를 포르말린 용액에 담가놓은 다미엔 허스트의 수족관. 인분과 같은 신체 재료로 만든 길버트와 조지의 작품. 토사물과 지렁이와 곰팡이를 찍은 신디 셔먼의 사진. 무정형의 점액질로 뒤덮인 매튜 바니의 설치. 이처럼 부패하는 사체를 묘사하거나, 인간의 배설물을 동원하거나, 형체가 없는 점액질을 사용함으로써 관객의 구토를 유발하는 작품을 '역겨운 예술abject art'이라 부른다. 아주 어린 아기들은 종종 더러운 줄도 모르고 제 똥을 손으로 집어 입으로 가져가곤 한다. 예술도 그처럼 시간을 거슬러 유아기로 퇴행해버린 것일까?

구토를 유발하는 예술이란 어떤 의미에선 형용모순이다. 예술은 흔히 이상적 아름다움을 추구하는 행위로 여겨지기 때문이다. 그래선지 슐레겔은 샤를르 바퇴의 〈하나의 원리로 환원되는 예술들〉의 번역본(1751)에 이런 각주를 붙였다. "모방을 통해 본성이 변형되는 불쾌한 감정들 중에서 오직 역겨움Ekel만이 예외다. 여기서는 예술의 모든 노력이 헛수고로 끝날 것이다." 아리스토텔레스는 사체는 역겨워도 사체의 그림은 아름다울 수 있다고 말했지만, 슐레겔은 역겨운 것을 아예 미학적 한계 현상으로 만들어 예술의 밖으로 추방한다.

중세만 해도 시체의 묘사는 보편적이었다. 당시 교회나 수도원의 벽은 종종 '죽음의 무도danse macabre'로 장식되곤 했다. 썩어가는 시체들의 묘사는 물론 '죽음을 기억하라memento mori'는 종교적 메시지와 관련이 있다. 흥미로운 것은, 근대에 들어와 이 그림들이 철거되거나 덧칠이 되어 공공의 영역에서 소리 없이 사라진다는 점. 하긴 사라진 게 어디 그뿐인가? 중세의 카니발에서 공공연히 행해지던 스캐톨로지scatology, 즉 분뇨를 뿌리며 고상함을 조롱하던 문화도 근대에 들어와 모습을 감춘다. 왜 그랬을까?

노베르트 엘리아스에 따르면 '문명화과정'은 곧 해부학적인 것, 생리학적인 것을 억압하는 과정이다. 가령 중세엔 동물의 사체가 통째로 식탁에 올라왔으나, 근대 궁정의 식탁에 오르는 요리는 사체임을 알아보기 힘들었다. 중세의 전사들이 식탁에서 스스럼없이 트림을 하고, 방귀를 뀌고, 침을 뱉었다면, 궁정의 귀족들은 생리현상의 표출을 역겹게 느꼈다. 엘리아스의 말대로, 근대의 예술 문화가 프랑스 궁정에서 발달한 이 세련된 예법과 섬세한 취미에서 유래한 것이라면, 역겨운 것이 근대 예술에서 터부가 된 것은 당연한 일이 아니겠는가.

18세기 이후 역겨움을 바라보는 시각에 서서히 변화가 생기기 시작한다. 가령 칸트는 '역겨움'에 모종의 인식 기능을 부여한다. 역겨움이란, '신체 안으로 섭취할 경우 생명을 위협하는 대상'을 이성의 판단에 앞서 즉각적으로 알려주고, 구토라는 격렬한 신체적 반응을 통해 물리치게 해준다는 것이다. 칸트는 여기서 한 걸음 더 나아가 이 논리를 '정신적 양식'의 영역으로까지 확장한다. 이로써 역겨움은 생리적 방어기제의 수준을 넘어서 이성마저 능가하는 능력, 즉 정신의 건강에 해로운 음식을 즉각적으로 물리치게 해주는 판단력이 된다.

니체에 따르면, 예수와 플라톤은 "현세를 더 잘 모독하기 위해 내세를 발명했다". 니체는 삶을 역겨워한 이 도덕의 설교자와 미덕의 이론가를 다시 역겨워한다. 이 메타 역겨움을 통해 그는 예수와 플라톤이 부정한 삶을 다시 긍정한다. 이렇게 초인은 역겨움으로 역겨움을 극복한다. 여기서 특히 주목해야 할 것은, 진리가 신체를 통해 주어진다는 점. 세속적 계시라 할까? 구토라는 '신체'의 반응을 통해 그 어떤 '정신'의 활동보다 더 높은 진리가 발생한다. 사르트르의 유명한 소설《구토》도 이와 같은 모티브 위에 서 있다.

이 시기에 예술에서도 가치전도가 일어난다. 낭만주의자들은 고전주의 예술의 무한한 반복에 지루함을 느꼈다. 예술이 더 이상 감흥을 주지 못하게 되면 이제 '아름다운 것'보다는 '자극적인 것piquant', '강력한 것frappant', '충격적인 것choquant'이 중요해지기 마련. 이런 분위기 속에서 한때 밖으로 쫓겨났던 '역겨움'이 다시 돌아오는 것은 당연한 일. 가령 연인의 모습을 썩어가는 사체로 묘사한 보들레르를 생각해보라. '아름다운 구토'? 이렇게 구토의 대상을 외려 '향유의 대상'으로 바꿔놓은 데에는 어딘가 병적인 구석이 있다.

그 병리학의 분석은 정신분석학에 맡기는 게 좋겠다. 프로이트에 따르면, 인간도 한때는 땅에 코를 박고 살았다. 땅에서 나는 냄새들은 (정보의 원천으로서) 향유의 대상이었으나, 직립보행으로 후각의 역할이 언어로 교체되면서, 그 냄새들은 (쓸모없는 자극으로서) 외려 역겨움으로 전락한다. 하지만 아무리 문명화되어도 인간 안에는 여전히 네 발 동물이 들어 있다. 이놈이 우리에게 역겨움을 모르던 시절로 돌아가라고 끊임없이 속삭인다. 그 욕망을 억압할 때 '신경증'이 발생하고, 거기에 탐닉할 때 '도착증'이 발생한다는 것이다.

크리스테바는 재치 있는 언어유희를 동원한다. 그의 말에 따르면 '역겨운 것abject'은 '주체subject'도, '객체object'도 아니다. 그것은 태아-산모가 분리되지 않은 모태chora로서 여성의 신체다. 아이가 주체가 되려면 바로 그 신체로부터 분리돼야 한다. 하지만 어머니는 태아를 보호하나, 동시에 그를 위협할 수도 있는 존재. 이를 '어머니의 권위authorité maternelle'라 부른다. 아이가 주체로 독립하려면 아버지의 권위가 지배하는 상상계에 성공적으로 입장해야 하고, 그러기 위해선 다시 '어머니의 권위'에서 벗어나야 한다.

하지만 어머니의 신체도 프로이트가 말한 "네 발 동물" 못지않게 집요하다. 아이가 독립된 주체가 된 후에도 '어머니의 권위'는 어머니의 신체로 회귀하려는 욕망, 즉 태아가 어머니의 신체 안에서 느끼던 쾌락jouissance으로 돌아가려는 욕망으로 작용한다. 자궁 속 태아는 아직 존재도 아니지만 이미 비존재도 아니다. 그리하여 어머니의 신체로 회귀하려는 욕망은 태아-산모의 결합체처럼 존재/비존재의 구별이 없는 것, 즉 생명/사물의 구별이 사라진 사체나, 형성 이전의 무정형한informel 재료에 대한 선호로 나타난다는 것이다.

프랑스의 역겨움('abjection')은 이렇게 독일어('Ekel')로는 불가능한 언어놀이를 허용한다. 즉 어머니의 신체는 주체나 객체가 아닌 비체(abject)이기에, 그리로 회귀하려는 욕망이 역겨움(abject)에 대한 선호로 나타난다. 프로이트가 신경증이나 도착증의 원인을 아버지의 권위에서 찾는다면, 크리스테바는 그것들이 어머니의 권위에서 비롯된다고 말한다. 남성주의 정신분석학에 대한 여성주의적 대안인 셈이다. 이런 차이에도 불구하고 두 사람이 공유하는 시각이 있다. 즉 예술이 이 역겨움의 욕망과 관련이 있다는 것이다.

문명화한 인간에게도 역겨운 것에 대한 은밀한 소망이 남아 있으나, 사회는 역겨움의 향유를 허락하지 않는다. 이때 그 금지된 욕망을 간접적으로 표현하고 우회적으로 실현하는 길을 제시해주는 게 예술이라는 것이다. 예술이 '리비도의 승화'라는 일반론의 변주라 할까? 이제 현대예술에 '역겨운 예술'이 왜 등장했는지 알 수 있을 게다. 물론 프로이트나 크리스테바가 모든 '역겨운 예술'에 조건 없이 찬동을 보낼 것 같지는 않다. 그들은 그것들이 충분히 승화되지 않았다고 느낄지도 모르니까.

# 엑스터시

ecstasy

## 하시시와 트랑스

어느 탤런트가 대마초 흡연 혐의를 받자 출연하던 드라마에서 하차하고 잠적해버렸다는 촌스러운 소식. 대마초를 '하시시'라고도 하는데, 이 말은 '풀'을 의미하는 아랍어라고 한다. 이 '풀'의 효과에 대해선 의견이 분분하다. 담배만큼도 안 해롭다는 말이 있는가 하면, 그 위험성을 무시할 수 없다는 반론도 있다. 확실한 것은 마약엔 '치사량'이 있지만, 하시시의 경우 치사량으로 알려진 수치가 없다는 것. 즉 하시시를 피운다고 생명에 지장이 있는 것은 아니라는 얘기다. 독일 경찰의 마약 실태 보고서에는 '하시시'라는 항목이 빠져 있단다. 이는 독일 정부에서 하시시를 마약과 구별하여 바라보고 있음을 의미한다.

유럽에선 적게는 20%, 많게는 40% 가량이 이미 청소년기에 하시시 흡입을 경험한다. 유학 시절 기숙사에서 학생들이 파티를 하면서 담배에 섞어 피우거나, 하시시를 넣은 케이크를 구워 먹는 것을 어렵지 않게 볼 수 있었다. 네덜란드처럼 아예 길거리 카페에서 하시시를 판매하는 나라도 있다. 하시시를 '형법'이 아닌 '건강'의 측면에서 접근하는 것이 최근 세계적 추세이기도 하다. 그럼에도 불구하고 하시시가 여전히 극도로 위험하게 여겨지는 것은, 아마도 그것의 효과 때문일 게다. 즉 정신에 영향을 끼쳐 환각에 빠뜨린다는 점에서 하시시의 해악은 마약의 그것과 크게 다르지 않다는 얘기이리라.

한국 가요계의 전설들이 줄줄이 대마초로 잡혀 들어가던 1970년대에, 한 일간신문에 경찰의 입회하에 대마초를 시연한 기자의 체험기가 실린 적이 있다. 기자가 묘사한 환각은 한편으론 무시무시하게 느껴졌지만, 거기에는 묘한 매력도 있었다. 대마초의 위험을 강조하는 홍보영화가 만들어지기도 했는데, 그 안에 등장하는 대마초 흡연자들은 환각 상태에서 범죄를 저지르기도 하고, 높은 건물에서 뛰어내리다 목숨을 잃기도 했다. 하지만 이게 얼마나 객관적인지는 모르겠다. 대마초를 공산당처럼 때려잡던 시절이니, 이 이미지 역시 뿔 달린 공산당만큼 어느 정도 왜곡, 혹은 과장되었을 것이다.

이보다 더 과학적이고 객관적인 체험기를 찾아 인터넷을 검색해 보니, 무려 150년 전의 하시시 체험기가 올라온다. 지인이 동양에서 가져왔다는 이 신기한 약초(?)의 효과를 체험기의 저자는 이렇게 보고한다.

"콜레주 드 프랑스 광장으로 이어지는 집의 문을 열었더니, 건물들이 내게서 도망치고 있었고, 주변 사람들이 떠드는 얘기가 아득히 먼 곳에서 들려오는 듯했다. (…) 내 몸은 하늘로 떠올라 허공을 걷는 것처럼 느껴졌고, 거리와 상점에 있는 사람들은 마치 나보다 열등한 존재가 된 듯, 발을 땅에 붙이고 살며 대지에서 벗어날 수 없을 것처럼 여겨졌다." (브리티시 메디컬 저널 1862/11/22)

하시시가 의학적 맥락에서만 흥미를 끈 것은 아니다. 발터 베냐민은 인문학적 동기에서 하시시 실험을 한 바 있다. 에른스트 블로흐를 비롯한 당대의 철학자나 예술가들이 참여했던 이 실험의 결과를, 베냐민은 프로토콜의 형식으로 꼼꼼히 기록해두기도 했다. 후에 이 글들은 다른 몇몇 글과 함께 〈하시시에 관하여〉라는 제목으로 출간된다. 베냐민이 하시시에 관심을 가진 데에는 크게 두 가지 이론적 동기가 있었다. 하나는 환각 상태와 초현실주의 이미지의 관계에 관한 호기심이고, 다른 하나는 동일률과 모순율로 구축된 기존의 논리학을 대체할 새로운 사유체계의 탐색이다. 실험은 1927년에서 1934년에 걸쳐 행해졌고, 프로토콜은 모두 열두 차례에 걸쳐 작성됐다. 첫 번째 프로토콜에 나오는 구절이다.

"1. 어깨 위에 환영이 나타난다 (책 표지의 장식 문양과 같은). 어깨가 차갑다. 방에는 네 사람이 있으나 내게서 동떨어진 느낌. 거기에 속할 필요성을 느끼지 못한다. (…) 8. 사람들의 미소에서 조그만 날개가 돋아나는 듯하다. (…) 9. 화로가 고양이가 된다. 책상을 정리하다 '생강'

이라는 말을 듣자 과일 가판대가 나타난다. 하지만 그것이 책상이라는 것을 곧 깨닫는다. 천일야화가 떠오른다. (…) 24. 평소와 똑같은 사유의 길을 따라가나, 그 길에는 장미꽃이 피어 있다."

프로토콜에는 공간이 확장되고 시간이 역행하는 착락, 눈앞에 추상적 문양이 보이는 환각, 한 사물이 다른 사물로 둔갑하는 환영 등이 기록되어 있다. 이는 초현실주의적 체험에 가깝다. 더불어 흥미로운 것은 하시시 체험의 다다이스트적 측면이다. 베냐민은 "정보에 대한 혐오", 즉 일상의 사안에 대해 얘기하는 게 귀찮아지는 체험을 기술하며, 그런 상태에서 오가는 대화에는 모종의 "시적 명증성"이 있다고 보고한다. 가령 질문에 대답을 할 때, 질문 자체보다는 질문 속에 들어 있는 "낱말들이 지속되는 시간의 길이에 대한 지각"에 반응하게 된다는 것. "나는 이것을 시적 명증성이라 느낀다."

이것이 하시시에 대한 미학적 관심의 표현이라면, 베냐민에게는 또 다른 호기심이 있었다. 즉 하시시 체험에서 동일률과 모순율에 기초한 기존의 형이상학을 전복할 가능성을 찾는 것이다. 베냐민이 거기에 얼마나 성공했는지는 모르겠다. 그는 나중에 하시시에 관한 책을 쓸 생각이었으나, 이 계획은 끝내 성사되지 못한다. 나치를 피해 망명을 하려던 계획이 좌절된 순간, 이 유태인 비평가가 자신의 목숨을 끊는 데에 사용한 것은 다량의 아편이었다. 그의 자살 시도가 실패로 끝나고, 수용소로 끌려가지도 않았다면, 아편의 체험에 대해서도 상세한 프로토콜을 남기지 않았을까?

베냐민의 철학적 기획은 무엇이었을까? 물론 그 이전에도 철학을 '논리'가 아닌 '도취'로 바라본 사람은 있었다. 가령 〈숭고에 관하여〉의 저자 위僞 롱기누스를 생각해보라. "숭고는 설득하지 않는다. 도취시킨다." 여기서 도취는 논리보다 더 높은 곳에 선다. 니체 역시 틈만 나면 '환각Rausch'에 대해 얘기하곤 했다. 니체에 따르면 고상한 인간들은 디오니소스적 사태에서 자기 삶의 정점에 도달한다. 그에게 환각이란 "형식의 빛나는 승리"이며, 미학적 충동의 중추적 기능이다. 가장 최근에는 프랑스 철학에서 그런 경향을 볼 수 있다. 그들(특히 들뢰즈)의 글에는 모종의 환각이 있다.

하이데거는 이와는 좀 다른, 물론 재미없는 맥락에서 철학의 '엑스터시'를 얘기한다. 그는 근대의 유아론적 '주체'의 관념을 해체하는 데에 이 개념을 동원한다. '엑스터시'란 '바깥에ek 선다stare'는 뜻이다. 하이데거에게 그것은 "유한한 주체들이 자신의 바깥으로 나와 무한한 것과 하나가 되는 것"을 의미한다. 그가 인간, 즉 현존재Dasein를 고립된 자아가 아니라, 세계 내에 다른 이들과 공동으로 들어 사는 존재로 본다는 점을 생각하면, 그의 철학에서 엑스터시가 차지하는 위치를 가늠할 수 있을 것이다. 물론 하이데거의 엑스터시는 일상적 의미의 '엑스터시'와는 별 관계가 없다.

예술가나 연예인들이 하시시에 탐닉하는 것은, 아마도 환각 상태가 '지각'을 예민하게 하고, 사유를 비상하게 만들기 때문일 게다. 하시시 체험자의 대부분은 시청각적 자극에 오감이 극도로 민감해진다고 말한다. 베냐민은 하시시에 도취된 상태에서 "(에드거 앨런) 포우를 더 잘 이해하게 됐다"고 보고했다. 말하자면 하시시를 통해 창작에 요구되는 능력을 비상하게 향상시킬 수 있다는 얘기. 더 이상 하시시 흡연을 범죄화할 필요는 없을 것이다. 다만 예술가라면 일상적 트랑스의 능력, 즉 맨정신을 가지고 하시시를 피운 상태로 넘어갈 줄 알아야 하지 않을까? 성기를 만지지 않고 명상만으로 사정을 하는 고승처럼.

# 11

# 우연과 생성

외부에 있는 것도
내부에 있는 것도 아닌 것.
외부에 있으면서도
은밀히 내부에 간섭하는 것.
그것이 '파레르곤'이다.

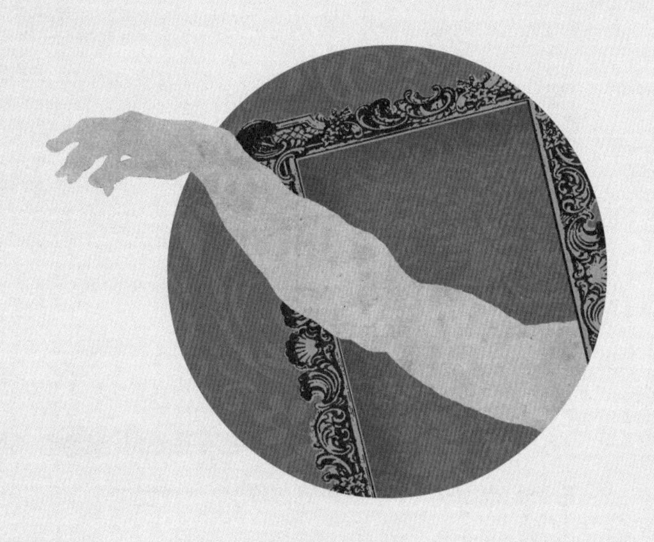

논피니토non finito

코라chora

파레르곤parergon

세렌디피티serendipity

# 완성으로서 미완성

non finito

과정으로서의 창작,
생성으로서의 작품

〈미완성〉(1822)이라 불리는 슈베르트의 교향곡 8번. 첫 두 악장만 풀 스코어로 존재하고, 3악장(스케르초)은 아홉 마디의 오케스트레이션과 열세 마디의 피아노 파트만 남아 있다. 마지막 4악장은 아예 시작도 못 했다고 한다. 왜 그랬을까? 알 수 없다. 하지만 이 곡을 쓰고도 6년을 더 살았으니, 적어도 시간이 없어 완성을 못 한 것 같지는 않다. 그런가 하면 이 곡이 정말 미완성인지 의심하는 음모론도 있다. 슈베르트에게 곡을 넘겨받은 이가 오랫동안 곡을 공개하지 않았고 악보의 페이지도 찢겨나간 것으로 보아, 어쩌면 슈베르트가 이 곡을 완성했을지도 모른다는 것이다.

이 곡의 완성태를 제시하려는 시도도 있었다. 영국의 어느 음악학자는 비슷한 시기에 작곡된 슈베르트의 다른 곡을 끌어다 피날

레를 대신하는 시도를 했고, 러시아의 어느 작곡가는 스케치로만 남은 스케르초 부분을 보완하고 피날레 부분은 아예 새로 작곡하기도 했다. 이런 시도는 학문적으로는 흥미로울지 모르나, 예술적으로는 부질없어 보인다. 중요한 것은 음악사에 미완성으로 남은 곡이 한둘이 아닌데 왜 이 작품만 '미완성'이라 불리냐는 것. 슈베르트가 그것을 의도했는지는 분명하지 않아도, 적어도 후세인들은 이 작품을 미완성의 상태 그대로 완성된 것으로 받아들이고 있다.

미완성작이 지닌 묘한 매력에 제일 처음 주목한 이는 플리니우스(AD23-79). 이 로마의 저자는 "미완성의 작품을 보면 우리는 슬퍼지는데, 이는 미완성의 작품이 우리에게 저자의 죽음을 연상시키기 때문"이라고 말한다. 실제로 미완성 작품이 예술적 묘비명이 된 경우가 있다. 바흐의 걸작 〈푸가의 기법〉(1751)의 마지막 곡은 미완성으로 남았다. 이 곡은 239번째 마디에서 B♭-A-C-B♮의 네 음(독일 표기법으로는 B-A-C-H)과 더불어 갑자기 멈춘다. 원본 악보에는 바흐 아들의 필체로 이렇게 적혀 있다. "작곡자가 'BACH'라는 이름을 도입하는 지점에서 작곡자는 죽었다."

작품을 의도적으로 '미완성'으로 남기는 기법을 흔히 '논 피니토 non finito'라 부른다. '논 피니토'라고 하면 당장 미켈란젤로의 조각이 떠오를 게다. 특히 교황 율리우스 2세의 무덤을 장식하기로 되어 있었던 노예 연작이. 하지만 노예 연작 중에서 가장 유명한 두 작품, 즉 파리 루브르 박물관에 있는 조각 〈죽어가는 노예〉와 〈반항하는 노예〉는 말이 '논 피니토'지, 실은 완성작에 가깝다. 본격적인 논 피니토를 보려면, 피렌체의 '갈레리아 델 아카데미아'에 가

미켈란젤로 부오나로티
〈노예Slave(awakening)〉
1519-1536

미켈란젤로 부오나로티
〈노예Slave(Atlas)〉
1519-1536

야 한다. 막 대리석을 찢고 밖으로 나오려 몸부림치는 미완의 형상들이 내게는 그 유명한 조각상 〈다비드〉보다 더 강렬한 인상을 준다.

논 피니토의 기법은 미켈란젤로의 발명품이 아니다. 그 이전에 도나텔로가 파두아의 청동상을 미완성으로 남겨둔 바 있다. 하지만 도나텔로의 경우 미완성을 의도한 게 아니라 계약 조건에 불만을 품고 작업을 포기한 쪽에 가까웠다고 한다. 다빈치 역시 수많은 작품을 미완성으로 남겨놓았다. 그의 관심사가 워낙 방대하여 한 프로젝트에 오래 머물 수 없었기 때문이란다. 그래도 르네상스 논 피니토는 중세의 미완성작과는 달랐다. 중세의 미완성이 주로 (재정의 문제와 같은) 외적 요인의 결과였다면, 르네상스의 미완성작은 종종 (창작의 고뇌와 같은) 내적 갈등의 소산이었다.

미완성작이 예술가의 내적 갈등의 결과로 빚어진 경우라 할지라도, 거기에는 두 개의 구별되는 단계가 존재하는 듯하다. 예를 들어 '1. 작가가 그저 창작의 한계에 부딪혀 작품을 미완성으로 방치하는 것'과, '2. 미완성의 상태 그 자체를 또 다른 완성으로 제시하는 것'은 전혀 다른 일이다. 르네상스의 다른 작가들은 어땠는지 몰라도, 미켈란젤로는 확실히 첫째 단계를 넘어서 둘째 단계까지 나아가려 했던 것 같다. 후기로 갈수록 그는 점점 더 많은 작품을 미완성으로 남겨놓곤 했는데, 이는 그의 예술적 의도가 논 피니토를 만드는 데에 있었음을 보여주는 방증이라 할 수 있다.

미켈란젤로의 논 피니토는 르네상스 지성계를 휩쓸었던 신플라톤주의와 관련이 있다. 플라톤이 실재(현실계)와 이데아(이상계)를 분리시켜놓았다면, 신플라톤주의에서는 두 세계가 가장 어두운 물질에서 가장 밝은 정신으로 이어지는 점진적 스펙트럼을 이룬다. 여기서 인간은 물질의 옷을 벗고 육체를 정화하여 정신으로 상승하는 존재. 미켈란젤로는 이 신플라톤주의 존재미학을 창작의 원리로 삼아, 조각이란 물질(석재)에서 출발하여 정신(형상)으로 상승하는 과정이라 여겼다. 그의 논 피니토는 물질에서 정신으로 상승하는 이 고투의 흔적을 그대로 드러내기 위함이었으리라.

미켈란젤로는 조각을 '덧셈'이 아니라 '뺄셈'으로 이해했다. 당시의 일반적 방식은 먼저 점토로 원하는 형상의 미니어처를 만든 후 이를 대리석에 전사하는 것. 하지만 이 경우 형상과 재료는 분리되기 마련이다. 미켈란젤로는 이와 달리 곧바로 대리석에 손을 대어 깎아 들어갔다. 신플라톤주의의 가르침에 따라, '형상이란 재료와 동떨어져 존재하는 것이 아니라 이미 재료 그 자체 속에 들어 있다'고 믿었기 때문이다. 조각은 물질에 갇힌 형상을 해방시키는 작업이다. 카라라의 채석장에서 그는 대리석 덩어리 속에 갇힌 형상들이 꺼내달라고 아우성치는 소리를 들었을 게다.

널리 알려진 것처럼 미켈란젤로는 육체를 영혼의 감옥으로 간주했다. '갈레리아 델 아카데미아'의 논 피니토들은 거대하고 육중한 돌덩이 속에 반쯤은 갇혀 있다. 육중한 재료를 뚫고 밖으로 나오려는 형상들의 고통. 그 고투의 순간을 생생히 보여주는 그의 노예들은 동시에 육체와 싸우는 인간 영혼의 상징이라 할 수 있을 것이다. 물론 그저 손작업(실행)의 결과가 정신의 작업(관념)에 미치지 못한다고 판단하여 작업을 중단한 것일 수도 있다. 하지만 신플라톤주의의 신학 및 미학과 완벽하게 합치한다는 점에서, 그의 논 피니토는 예술적으로 의도된 것으로 봐야 할 것이다.

미술사가들이 논 피니토에 열광하는 데에는 이유가 있다. 완성작은 완전범죄처럼 범행의 흔적을 말끔히 지워버린다. 하지만 논 피니토에는 정과 망치의 흔적이 그대로 남아 있어, 이 위대한 범죄(?)가 어떻게 수행되었는지를 그대로 보여준다. 논 피니토의 매력은 여기서 그치지 않는다. 비록 르네상스의 발명품이나, '논 피니토'의 발상 자체는 매우 현대적이다. 현대예술의 특징 중의 하나는 결과보다 과정을 더 중시한다는 것. 가령 작품보다 그리는 행위를 더 강조했던 잭슨 폴록을 생각해보라. 의도된 논 피니토는 이 '과정으로서 창작', '생성으로서 작품'의 탁월한 예가 된다.

고전주의 미학은 예술에 데카르트적 명료함을 요구했다. 작품 속의 모든 것이 디테일에 이르기까지 명석·판명해야 한다는 것. 하지만 낭만주의 이후, 외려 다양한 해석이 가능하도록 애매모호한 것이 예술언어의 특성으로 여겨지기 시작한다. 그런 의미에서 논 피니토는 움베르토 에코가 말한 '열린 예술작품'의 고전적 예가 된다. 플리니우스에 따르면, 미완성작은 우리로 하여금 "작품이 완성됐다면 과연 어떤 모습이었을지 상상하게 만든다". 물론 보는 이마다 그 모습을 다르게 상상할 것이다. 논 피니토는 이렇게 관찰자의 머릿속에서 다시 한 번 과정이자 생성으로서 삶을 이어간다.

# 코라

chora

무無로부터
현상들이 나타나는
영원한 생성의 장場

오래 전 이스탄불을 여행하던 중 '코라chora'라는 이름의 교회에 들른 적이 있다. 왜 그런 이름을 붙였나 궁금했는데, 나중에 알고 보니 도성 밖의 들판에 있는 교회라서 그렇게 부른단다. 참고로, 고대 그리스에서 '코라χώρα'는 일반적으로 폴리스를 둘러싼 변두리를 가리켰다. 아무튼 그 교회에서 화려한 비잔틴 모자이크와 마주쳤는데, 변두리 교회에 어울리지 않는 그 높은 예술적 성취에 적이 놀랐던 기억이 난다. 아무튼 나를 그 교회로 데려간 것은 그것의 이름이 우연히 데리다가 쓴 텍스트의 제목과 일치한다는 단순한 사실이었다.

'코라'는 플라톤이 〈티마이오스〉에서 우주론을 논하는 가운데 도입한 개념이다. 널리 알려진 것처럼 플라톤은 우주를 '예지계'(이데아의 세계)와 '현상계'(현상들의 세계)로 나누었다. 문제는 '오직 지성으로 생각할 수만 있는 이데아가 어떻게 감각적 형상을 취할 수 있느냐'는 것. 이 난점을 피하기 위해 플라톤은 예지계와 현상계의 사이에 두 세계를 매개하는 제3의 공간, 혹은 빈터를 상정하게 된다. 그것이 '코라'다. 데카르트가 정신과 신체의 상호작용을 설명하느라 양자를 매개하는 기관('송과선')을 상정했던 것과 비슷한 이치다.

데카르트는 후에 '송과선은 정신과 육체 중에 어디에 속하느냐?'는 물음을 놓고 곤란을 겪어야 했다. 플라톤의 '코라' 역시 예지계에 속하는 것도, 그렇다고 감각계에 속하는 것도 아니다. 예리한 비판자라면 여기서 이데아를 정점으로 존재의 위계를 세우는 플라톤주의 기획을 전복시킬 기회를 볼 것이다. 데리다의 해체주의 본능이 이를 놓칠 리 없다. 만약에 예지계, 즉 이데아 세계라는 게 존재하지 않는다면 어떻게 될까? 그때는 '코라'와 '현상계'만 남아, 우주는 무無로부터 현상들이 나타나는 영원한 생성의 장場으로 변할 것이다.

플라톤은 '코라'를 '수용체receptacle'라 불렀다. 이데아를 근본 원인으로 상정하는 이상 그럴 수밖에 없었을 것이다. 하지만 이데아 세계가 존재하지 않는다면 어떨까? 그때는 아마 코라에게 좀 더 적극적인 역할이 돌아갈 것이다. 실제로 화이트헤드는 코라를 능동적인 생성의 장으로 해석했다. 줄리아 크리스테바는 기호학과 정신분석학의 관점에서 코라를 상징계의 바탕이 될 원초적인 생명의 리듬으로 이해했다. 한편, 페미니스트들은 코라에 결부된 자궁, 모태의 이미지에 의거해 그것을 여성의 창조적 신체와 동일시하곤 한다.

코라는 건축이 될 뻔했다. 1985년 어느 날 건축가 베르나르트 추미가 데리다에게 전화를 걸어 페터 아이젠만과의 협업을 제안한다. 파리의 '파르크 드 빌렛Parc de Villet' 프로젝트의 일환으로 정원을 짓는 작업에 이론적 조언을 해달라는 제안이었다. 데리다는 추미의 제안을 받아들이기로 하고, 아이젠만의 구상에 이론적 영감을 주기 위해 마침 자기가 쓰던 글을 보낸다. 그 글이 바로 〈테마이오스〉의 문제적 개념, '코라'에 관한 것이었다. 데리다의 글을 읽은 아이젠만은 데리다와 함께 지을 정원에 이 개념을 구현하기로 합의한다.

작업은 원활하지 못했던 모양이다. 2년 동안 계속된 협업은 결국 예산의 여섯 배를 초과하는 무모한 계획만 남긴 채 무산되고, 후에 그 지적 교류의 흔적들만 〈CHORA L WORK〉라는 제목의 책으로 발간되었다. 책은 데리다가 아이젠만에게 보낸 글의 초본, 두 사람이 주고받은 편지들, 정원의 구상을 위한 스케치들로 이루어져 있다. 작업 과정에서는 두 사람의 역할이 뒤바뀌어, 아이젠만이 이론적 상상의 나래를 펼치면, 데리다가 외려 기술적 문제를 제기하곤 했다고 한다. 훗날 아이젠만은 데리다의 "건축적 보수주의"에 놀랐다고 술회했다.

"나는 두 사람이 정말 정원을 지으려 했다고 믿지 않는다. 그들은 그저 책을 내고 싶었을 뿐이다." '파르크 드 빌렛' 위원회 위원장의 말이다. 실제로 '코라'를 건축으로 구현하는 것은 애초에 불가능했을 것이다. '코라'는 예지계에도 현상계에도 속하지 않기에 언어적으로 표기될 수도, 감각적으로 표현될 수도 없기 때문이다.

'코라'의 개념에 물질적 형상을 입힌다면, 그것은 더 이상 '코라'가 아니라, 그것의 결과물에 불과할 것이다. 책으로 남은 그것 역시 코라가 아니라 그것에 대한 막연한 언어적 지시에 불과할 게다.

두 사람의 좌절은 '코라'라는 개념의 무용성을 보여주는지도 모른다. 하지만 수많은 철학자들이 그동안 어떤 알 수 없는 이유에서 이 무용한 개념에 각별한 관심을 보여왔다. 가령 하이데거는 코라를 '존재와 존재자의 존재론적 차이'로 이해했다. 여기서 '코라'는 존재에서 존재자가 생성되는 사건이 벌어지는 장을 가리킬 것이다. 데리다는 하이데거로부터 '존재론적 차이'의 개념을 수용하여 그것을 '디페랑스differance'라 바꿔 불렀다. 이때 '코라'는 차이를 통해 무한히 의미를 생성해내는 영원한 기표 놀이의 장을 가리킬 것이다.

라캉주의자라면, 예지계에도 현상계에도 속하지 않는 '코라'가 상징계로도 기입이 안 되는 실재계라고 생각할지 모르겠다. 이 경우 코라에 대한 유물론적 해석이 성립한다. 언어로도, 표상으로도 포착할 수 없는 바로 그것이 실은 그 언어와 그 표상의 질서를 세우는 바탕인 것이다. 그렇다면 코라로 되돌아갈 때, 기존의 모든 질서를 무너뜨리고 그것들을 원점에서 다시 세울 가능성이 열릴 것이다. 내로라하는 철학자들이 '코라'에 관심을 가지는 것은 그 개념이 내포한 이 미학적, 정치적 급진성 때문일 것이다.

가장 최근에는 지젝이 이 개념에 관심을 가진 것 같다. 그가 말라르메를 인용하여 "발생하는 것이 있다면 그것은 그저 장소일 뿐"이라 말할 때, 그 '장소lieu'란 아마도 모든 사건, 모든 생성의 바탕이 되는 그 장소, 즉 코라를 가리킬 것이다. 그가 '거절'("나는 그것을 하지 않는 것을 선호합니다.")을 대단한 정치적 개입인양 말하며, 그것을 '무언가'와 '아무것도' 사이의 '극소 차이'로 정당화하는 것은, 이 적극적 무위無爲가 그 장소(lieu=chora)를 여는 가장 급진적인 태도라 믿기 때문이리라.

다시 건축물로서 코라로 돌아가자면, 내가 이해할 수 없는 것은 왜 데리다와 아이젠만이 코라의 개념을 건축물로 형상화하자는 멍청한 생각에 동의했는가 하는 점이다. 내 생각에 코라를 구현한다는 것은 이런 것이다. 뒤샹이 변기를 전시회에 내놓았을 때, 당황한 심사위원들 사이에서 변기를 전시는 하되 커튼으로 가려놓자는 얘기가 오갔다고 한다. 이렇게 예술과 비非예술 어느 쪽으로도 기입되지 않는 변기의 독특한 위상. 그리고 그 변기로 인해 열린 새로운 창조의 장. 코라가 있다면 이런 게 아니겠는가?

아무튼 데리다와 아이젠만의 구상이 실현되지 않아서 얼마나 다행스러운지 모르겠다. 실현됐다면 얼마나 끔찍했겠는가? 가령 아이젠만은 공원 안에 관객들이 들어서 이리저리 옮기는 구조물을 설치하자고 제안했고, 데리다는 플라톤이 코라의 비유로 사용한 '체'(거르는 체)를 기념비로 만들자고 제안했단다. 두 사람은 애초에 코라의 건축물을 만들 필요가 없었다. '코라'가 굳이 건축물로 존재해야 한다면, 이름 그대로(chora!) 변두리에 외로이 서서 남몰래 품은 비잔틴 모자이크로 방문객을 놀라게 하는 그 교회 하나로 이미 족하다.

# 액자에 관하여

## parergon

외부에 있으면서도
은밀히 내부에
간섭하는 것

데리다 저서 〈회화 속의 진리〉에는 '파레르곤'이라는 제목의 글이 수록되어 있다. '파레르곤'이란 '주변'을 의미하는 '파라para'와 '작품'을 뜻하는 '에르곤ergon'을 합친 말로, 주요한 것이 아니라 부수적인 것을 가리킨다. 그것은 어떤 저자의 주변적 저작을 가리킬 수도 있고, 작가가 주작을 만들기 위해 제작한 작은 소품들을 가리킬 수도 있다. 미술에서라면 작품의 주변을 이루는 요소, 즉 작품을 감싸는 액자 같은 것을 의미할 것이다. 아무튼 위에 언급한 글에서 데리다는 '파레르곤'을 이렇게 정의한다.

"파레르곤: 작품ergon도 아니고 그렇다고 작품 바깥hors d'œuvre도 아니고, 내부도 아니고 외부도 아니고, 위도 아니고 아래도 아니다. 그것은 모든 대립을 뒤흔드나, 그렇다고 비결정적인 것으로 남지 않고 작품을 발생시킨다."

우리가 벽을 바라볼 때 액자는 그림에 속하나, 우리가 그림을 바라볼 때 액자는 벽에 속한다. 한마디로 액자는 작품의 안도 아니고 작품의 밖도 아니다. 그렇다고 작품인 것도 아니고, 작품이 아닌 것도 아니다. (클림트와 같은 화가는 아예 그림을 그릴 때 액자의 장식 효과를 함께 고려하곤 했다.) 그것은 안과 밖, 위와 아래의 대립을 무력화시키면서, 동시에 작품을 발생시키는 기제로 작용한다. 여기서 "액자 없는 그림도 있지 않느냐"고 항변한다면, 액자를 '프레임'이라는 역어로 바꿔놓자.

2년 전에 한 작가가 서울에서 손수 제작한 액자의 전시회를 열었다고 한다. 거기에는 뭔가 '모던'한 측면이 있다. 우리가 그림을 볼 때, 질료는 투명해진다. 그리하여 우리는 그것이 실은 발라진 물감에 불과하다는 사실을 잊어버린다. 하지만 20세기 초의 모더니스트들은 매체성에 주목했다. 그들의 작품은 회화 자체를 이루는 요소, 즉 형태와 색채로 돌아간다. 고전회화에서 우리가 인물과 정물과 풍경을 보았다면, 현대회화에서 우리는 캔버스 위에 특정한 형태와 색채로 발라진 물감을 볼 뿐이다.

액자에 대해서도 같은 얘기를 할 수 있을 것이다. 전시회에서 그림을 볼 때, 우리는 액자에 주목하지 않는다. 그것이 고전적인 구상화든, 현대적인 추상화든, 액자를 보러 미술관에 가는 사람은 없을 것이다. 이처럼 그동안 의식하지 못하고 지나쳤던 요소에 주목하게 한다는 점에서, 액자 전시회의 콘셉트는 모더니즘 회화의 전략과 통하는 데가 있다. 한 가지 유감이 있다면, 그 전시회가 액자 자체를 한 장인의 독자적 작품으로, 말하자면 일종의 유사 조각 작품으로 제시하는 데에 머물렀다는 것이다.

그보다 흥미로운 것은 독자적인 작품으로 자립하지 않은 액자의 역할이다. 액자의 역할은 그것이 걸려 있는 벽면의 특정 부분을 미적 영역으로 구획시켜주는 것이다. 우리가 이렇게 세속을 떠나 액자 안의 미적 환영 속으로 몰입할 때, 액자는 의식되지 않는다. 하지만 우리가 액자에 주목하는 순간, 환영은 깨진다. 작품은 이제 미적 영역에서 나와 세속적 영역으로 들어가 무게를 달거나 돈으로 값을 매길 수 있는 물건, 즉 미술품이 된다. 액자가 제 기능을 발휘할 때 그것은 스스로 제 존재를 지운다.

'파레르곤'이 데리다 자신이 글을 쓰는 방식이라는 것은 어렵지 않게 짐작할 수 있다. 데리다의 특성은 종종 사상가들의 주요한 저작이 아니라 그들의 주변적 저작을 분석의 대상으로 삼는 데에 있다. 놀라운 것은, 하찮게만 보이는 그 주변적 텍스트를 통해 그 저자의 사상에 대해, 혹은 그 저자가 속한 시대에 대해 더 놀라운 통찰을 얻어낸다는 데에 있다. 숲의 한가운데를 지나갈 때에는 숲의 모습을 볼 수 없지만, 숲의 가장자리로 나오면 비로소 숲의 전모가 보이는 것과 마찬가지라고 할까?

이렇게 눈에 띄지 않는 주변이 때로는 눈에 띄는 중심보다 더 많은 것을 보게 해준다. 나 역시 괜찮은 통찰은 미학서가 아니라 외려 미학의 언저리에서 얻곤 한다. 가령 미적 취향이라는 것이 어떻게 탄생했는지 알게 된 것은 정작 미학사 책이 아니라, 노베르트 엘리아스의 저서 〈문명화 과정〉을 통해서였다. 중세의 호전적 전사들이 국정의 가신으로 변모하는 과정에서 귀족적 취향의 섬세함을 얻게 되었고, 그것이 훗날 '미적 취향'의 바탕이 되었다는 얘기는 그 어떤 미학사 책에도 나오지 않는다.

외부에 있는 것도 아니고, 내부에 있는 것도 아닌 것. 그리하여 외부에 있으면서도 은밀히 내부에 간섭하는 것. 그것이 '파레르곤'이다. 주목해야 할 것은, 그것이 "작품을 발생시킨다"는 데리다의 말이다. 파레르곤이 작품을 발생시킨다는 건 무슨 뜻일까? 저자들은 종종 주저ergon를 쓰기 전에 그 주제에 관련된 짧은 글들parergon을 쓰곤 한다. 주저가 완성되면 스케치에 불과한 이 주변적 텍스트들은 간단히 망각되고 만다. 하지만 에르곤은 바로 이 파레르곤을 통해 탄생한 것이다. 이런 것을 의미하는 것일까?

르네상스의 거장 알베르티는 회화를 "자연을 내다보는 창"이라 불렀다. 가령 풍경화가 벽에 걸려 있을 때, 우리는 마치 창문을 통해 바깥을 내다보는 듯한 느낌을 갖게 된다. 액자는 벽면의 일부를 구획지어 그것을 이 미적 환영의 공간으로 바꾸어놓는다. 그런 의미에서 액자, 즉 파레르곤은 작품, 즉 에르곤을 발생시킨다고 할 수 있다. 여기서 '액자'란 물론 물리적 객체로서 액자만이 아니라, 동시에 관념적인 사각의 틀로서 프레임을 가리킨다. 어차피 영어로는 액자를 '프레임frame'이라 부르지 않던가.

프레임은 그림에 속하지 않으나 그림의 성립에 본질적으로 간섭한다. 풍경화는 그저 자연에 존재하는 풍경을 사각의 프레임으로 잘라낸 것이 아니다. 풍경을 프레임에 담을 때, 사각형은 그림의 내부 요소들을 조직하는 구성의 원리로 작용한다. 심지어 사진작가들도 그저 현실을 사각의 틀로 잘라내는 데에 그치는 게 아니다. 사진이 사각형이라는 사실—그것은 아마 회화의 전통을 이어받은 것이리라—은 피사체나 촬영각도의 선택에 이미 간섭해 들어간다. 이렇게 파레르곤은 에르곤을 발생시킨다.

작품의 외부에 있으면서도 작품의 내적 구성에 관여하는 것, 즉 파레르곤을 이해하는 것이야말로 에르곤의 가장 내밀한 본질을 이해하는 길일지도 모른다. 가령 회화나 사진에 대한 깊숙한 통찰은 외려 주변적으로 여겨지는 것, 즉 프레임이 그것들의 구성에 어떻게 간섭하는지 관찰함으로써 얻어질 수 있다. 데리다식 글쓰기의 섹시함은, 누구도 거들떠보지 않는 주변적인 텍스트들parergon을 분석함으로써 누구도 발견하지 못했던 주제ergon의 본질을 명료하게 드러내는 데에 있다.

프레임이라는 외적 요소가 영화나 사진에서 얼마나 깊숙이 내적 구성원리로 작용하는가. 몇몇 작가들이 르네상스부터 전해 내려오는 이 무의식적 시각의 관습을 관객에게 의식시키기 위해 4각의 프레임을 파괴하는 다양한 실험들을 해왔다. 프레임을 전복하려는 실험영화의 여러 시도들, 프레임에 전쟁을 선포한 피터 그리너웨이의 실험을 생각해보라. 하지만 환영에 빠지기를 포기하고 파레르곤을 의식하는 것은 귀찮은 일이다. 영화의 관객들은 여전히 영화가 프레임 안에 갇혀 있기를 원한다.

'파레르곤'은 존재미학의 원리이기도 하다. 가령 'excentric'이라

액자는 벽면의 일부를 구획지어
그것을 미적 환영의 공간으로 바꾸어놓는다.
그런 의미에서 액자(파레르곤)는
작품(에르곤)을 발생시킨다.

는 말이 있다. 이 말은 '중심center에서 벗어났다ex'는 뜻에서 짐작할 수 있듯이 평균에서 벗어난 괴팍한 성격을 가리키는 데에 사용된다. 대개 사람들이 중심을 지향하기에 중심에서 벗어나 사는 일은 피곤한 일이다. 하지만 에르곤의 본질을 보여주는 것은 파레르곤. 그리하여 사태의 본질을 제대로 보려면, 때로 중심이 아니라 주변에 서 있어야 한다. 여기서 파레르곤은 창조적인 이들이 주류를 지향하는 사회 속에서 실존하는 방식이 된다.

# 과학의 파레르곤

serendipity

세렌디피티는 과학의
밖에 있으나, 그 안으로
깊숙이 작용한다

옛날 옛적 지금의 스리랑카에 해당하는 실론왕국의 지아페르라는 왕에게 세 아들이 있었다. 왕은 나라의 가장 뛰어난 학자들에게 세 왕자의 교육을 맡겼고, 이들은 타고난 총명함으로 후계자 수업을 성공적으로 마친다. 그후 왕은 세 왕자를 불러들여 자기는 은퇴하여 명상의 삶으로 들어가고 싶으니 대신 이 나라를 맡으라고 권한다. 왕자들은 현명한 겸손함으로 자신들은 아직 멀었다고 거절한다. 왕은 내심 기쁘면서도 짐짓 화를 내며 이들을 나라 밖으로 내쫓는다. 이들의 이론적 지혜에 풍부한 경험을 더해주기 위한 배려였다.

방랑을 하던 왕자들은 우연히 길에서 낙타가 지나간 흔적을 보게 된다. 여러 흔적들을 근거로 세 왕자는 그 낙타가 한 눈이 멀었고, 이가 빠졌으며, 한 다리는 마비되었고, 한쪽 옆구리엔 꿀단지, 다른 쪽에는 버터 단지, 등에는 임신한 여인을 태우고 있었다고 결론짓는다. 그후 세 왕자는 바로 그 낙타를 잃어버린 상인과 마주친다. 상인에게 짐작한 대로 낙타의 모습을 설명하자, 상인은 왕자들이 낙타를 훔쳐간 범인이라 단정한다. 한 번도 본 적이 없는 낙타를 그렇게 잘 묘사할 수는 없다는 것이다. 고소를 당한 세 왕자는 결국 베라모 황제의 궁정으로 끌려간다.

심문하는 황제 앞에서 왕자들은 해명한다. "저편의 싱싱한 풀을 놔두고 이편의 덜 푸른 풀만 먹었으니 한 눈이 멀었고, 발자국 옆의 질질 끌린 자국으로 보아 한 다리가 마비되었을 것이다. 뜯긴 풀이 고르지 못하니 이가 성하지 않고, 길 한쪽엔 개미가, 다른 쪽에 파리가 몰려 있는 것으로 보아 옆구리 양쪽에 꿀단지와 버터 단지를 매달고 있었을 것이다. 또 사람 발자국 옆의 축축한 흙의 냄새를 맡을 때 성욕이 느껴지는 것으로 보아 여자의 오줌으로 보이고, 그 옆에 손바닥 자국이 있는 것은 여인의 몸이 무거운 상태임을 보여준다"는 것이다.

결국 잃어버렸던 낙타는 사막에서 헤매고 있는 상태로 발견되고, 황제는 총명한 세 왕자를 자신의 고문으로 임명한다. 전형적인 해피엔딩이다. 이 얘기를 꺼낸 것은 이 페르시아의 전설에서 과학의 중요한 개념이 비롯됐기 때문이다. 고대 페르시아에서는 실론을 '사란딥Sarandip'이라 불렀다. 여기서 비롯된 것이 '세렌디피티serendipity'라는 개념이다. 이 낱말의 창시자는 영국의 소설가 호레이스 월폴(1717-1997)로, 지인에게 보낸 편지에 이 개념을 사용하면서 그것이 '세렌딥의 세 왕자'라는 "멍청한 이야기"에서 유래한다고 썼다.

"그들은 항상 우연과 총명함의 힘으로 그들이 찾으려 하지 않았던 것들을 발견해낸다." 세렌디피티란 연구의 과정에서 애초에 의도하지 않은, 그러나 매우 귀중한 발견을 우연히 해내는 것을 가리킨다. 우리는 과학적 발견이 합리적 절차에 따른 필연적 과정의 결과라 믿으나, 상당수의 과학적 발견은 실은 우연의 소산이다. 당장 떠오르는 예는 연금술. 연금술사들은 금의 제조법을 찾으려 했으나, 결국 그들이 그 과정에서 만들어낸 것은 근대적 화학이었다. 중국의 연단술사들 역시 불로장생의 약을 찾으려다 엉뚱하게 화약을 발명하고 말았다.

과학사의 가장 오래된 예는 아마 아르키메데스의 발견일 것이다. 그가 목욕을 하다 부력의 원리를 발견하고는 얼마나 기뻤던지 "유레카!"라 외치며 알몸인 채 거리로 뛰어나왔다는 것은 너무나 잘 알려진 얘기다. 알렉산더 플레밍은 소독을 제대로 안 한 바람에 배양하던 박테리아를 오염시켰지만, 그 대신 박테리아를 죽이는 푸른곰팡이(페니실리움)를 우연히 발견했다. 루이기 갈바니는 개구리 해부 실험을 하다가 우연히 생전기bioelectricity를 발견하여 현대 생화학의 토대를 놓는다. 그전까지만 해도 신경은 액체가 흐르는 관으로 여겨졌었다.

도박의 도시로 알려진 라스베이거스에서는 해마다 미국실험생물학연합회FASEB의 연례회의가 열린다. 거기 참여하러 왔던 노벨상 수상자 살바도르 루리아는 슬롯머신에 빠진 동료의 어리석음을 비웃다가 그가 몇 번의 베팅 끝에 잭팟을 터뜨리자 심히 머쓱해진다. 루리아는 이를 계기로 슬롯머신의 수리에 대해 생각하다가 불현듯 슬롯머신과 박테리아의 돌연변이가 매우 유사하다는 것을 깨닫는다. 이 유비로부터 그는 결국 내성균이 살균 박테리아에 대한 반응이 아니라 자발적 돌연변이에 의해 발생한다는 중요한 발견에 도달한다.

과학의 결정적 발견이 순수한 우연의 산물이라는 사실은 연역이나 귀납이라는 합리적 절차에 익숙한 과학자들에게 불편함을 준다. 사실 루리아가 그 발견에 이르게 된 진정한 과정은 과학논문에 실릴 수 없다. 논문에서는 문제의 출발에서 발견된 사실에 도달하는 모든 과정이 오로지 과학적, 합리적 절차에 따라서만 이루어진 것처럼 기술해야 하기 때문이다. 즉 논문의 작성은 그 유명한 파스퇴르의 격률에 따라 이루어진다. "모든 것을 필연적인 것(inevitable)처럼 보이게 하라." 문제는 그 발견이 실제론 필연적이지 않았다는 데에 있다.

영화 〈뷰티풀 마인드〉에서 존 내시는 동료들이 여학생을 유혹하는 것을 보고 '내시 균형'의 원리를 생각해낸다. 하지만 이 비결(?)을 논문에 쓸 수는 없는 일. 그것은 일화, 즉 숨은 이야기로서 허구의 영역(가령 영화, 소설, 전기)으로 들어갈 뿐이다. 여기서 묘한 역설이 발생한다. 발견에 이른 진짜 과정을 전기의 영역으로 보내놨으니, 정작 논문에서는 가짜 과정을 창작해낼 수밖에 없잖은가. 이로써 늘 허구와 뒤섞이기 마련인 일화가 사실의 기록이 되고, 사실을 담아야 할 논문은 졸지에 우연을 필연으로 둔갑시키는 허구(SF?)가 된다.

과학적 방법은 반복성, 재연성을 갖는다. 하지만 세렌디피티는 반복 가능하지도, 재연 가능하지도 않다. 한 과학자의 발견을 이끈 우연을 그대로 재연한다고 다른 과학자들 역시 다른 위대한 발견에 도달하는 것은 아니다. '우연'이나 '영감'은 본디 과학적 방법론에 속하는 게 아니다. 그것은 과학의 '타자'로, 과학의 세계에서 배제되어야 하는 어떤 것이다. 과학논문이 자신을 낳아준 어머니를 배신하고, 제 출생에 대해 거짓말을 하는 것은 그 때문이리라. 하지만 세렌디피티의 존재가 그저 예외적 경우가 아니라 과학의 정상적 상태에 속한다면 어떨까?

발견이 언제나 합리적 추론의 결과로 얻어지는 것은 아니다. 외려 위대한 발견일수록 필연을 넘어선 우연, 혹은 논리를 넘어선 영감의 산물일 때가 많다.(물론 그 우연도 오직 '준비된' 사람에게만 영감으로 작용할 게다.) 과학에서 우연의 역할은 적어도 우리가 아는 것보다는 더 지대할 것이다. 이제까지 과학논문들이 우연을 필연으로 위장해왔기 때문이다. 그 지대한 발견술적 기능에도 불구하고 그동안 우연은 과학적 방법론에서 배제되어왔다. 세렌디피티는 과학의 밖에 있으나 과학의 안으로 깊숙이 작용하는 과학의 파레르곤이다.

영감이 종종 엉뚱한 데서 나오는 데에는 다 이유가 있다. 아리스토텔레스는 시에서 "운율은 가르칠 수 있지만, 은유 만드는 법은 가르칠 수는 없다"고 말했다. 그의 말에 따르면, 은유란 서로 다른 두 사물 사이에서 급작스레 유사성을 발견하는 능력인데, 은

유가 효과적이려면 그 두 사물이 가능한 한 서로 멀리 떨어져 있어야 한다. 정보이론에서는 아마 이를 '정보량의 확장'이라 부를 것이다. 논리에는 '비약'이 없어야 한다. 그래서 논리는 멀리 날아가지 못한다. 이때 정보량을 '비약적'으로 확장시키는 것이 바로 우연, 즉 세렌디피티다.

# 12

# 구원

비평은 사물과 작품을 구원하기 위해
외려 그것들을 냉정히 가르고 나누어 해체한다.
'구제비평'이라는 표현은 언뜻 형용모순처럼 보이나,
그 안에서 구원이라는 '호의'와
비판이라는 '적의'는 하나로 종합된다.

구제비평rettende kritik

# 구제비평

## rettende kritik

아담의 비평은
사물 속에 들어 있는
언어적 본질을
온전히 읽어낸다

'구제비평rettende Kritik'이라는 말이 있다. 용어는 발터 베냐민의 것이지만, 그 생각은 멀리 레싱에게로 거슬러 올라간다. 이 독일의 비평가는 계몽의 일환으로 그동안 잘못 이해되어왔던 고대의 저자들을 변호한다. 마치 변호사가 법정에서 피고를 변호하듯이, 레싱은 고대 저자들의 미학적 누명을 벗겨내려 한다. 오랫동안 그들의 예술적 한계로 지적되었던 단점들도 새로운 관점에서 보면 결코 탓할 만한 것이 못 된다는 것. 이런 식으로 고대의 저자들을 세간의 편견에서 구해내는 것을 그는 '구원Rettung'이라 불렀다.

역사학에서 종종 벌어지는 일이 예가 될까? 가령 비겁하고 비열한 자로 여겨졌던 원균이 실은 이순신 못지않게 훌륭한 장수였다는 해석을 읽은 적이 있다. 우리에게 사악한 여인으로 알려진 장희

빈도 여성주의적 관점에서는 자의식을 가진 주체적 여성으로 나타날지 모르고, 교활한 인물로 알려진 한명회도 정치학의 관점에서는 한국의 마키아벨리 같은 존재로 드러날지 모른다. 이렇게 전승 속에서 오해와 편견의 희생이 되었던 인물들에게 새로운 빛(=관점, 해석)을 비추어 그들을 구해내는 것이 바로 레싱이 말한 "구원"의 개념이다.

세간의 편견을 타파한다는 의미에서 레싱의 '구원'은 계몽의 프로젝트였다. 베냐민의 '구제비평'에서는 세속적 '계몽'보다는 종교적 '구원'의 색채가 강하게 부각된다. 또 레싱이 '인물'의 구제에 주목한다면, 베냐민은 주로 '작품'을 구제하는 데에 관심을 보인다. 신이 인간을 타락의 상태에서 구원하듯이, 베냐민은 작품을 전승된 오해와 편견, 그리고 무엇보다도 세속의 망각에서 구원하려 한다. 이 경우 비평은 마치 해녀가 물질을 하듯이 과거의 바닷속으로 뛰어들어 거기서 망각된 진주를 캐내는 작업에 가까워질 것이다.

하지만 '구제비평'에는 그보다 더 중요한 또 다른 차원이 있을 게다. 가령 "결코 쓰이지 않은 것을 읽는다"는 베냐민의 비평 원리가 그것이다. 이는 텍스트 비평의 차원을 넘어서는 것이다. 여기서 구제의 대상이 되는 것은 '텍스트'가 아니라, '사물' 자체이기 때문이다. 이렇게 사물 자체를 향할 때, 비평은 인식론적 해석의 작업이 아니라 존재론적 구원의 사역이 된다. 하지만 사물과 기호는 다르다. 따라서 사물을 기호처럼 읽으려면, 먼저 사물과 언어 사이의 경계를 무너뜨려야 한다. 여기서 베냐민은 유태교의 창조신화를 도입한다.

유태의 창조설화에 따르면 신은 말씀으로 세상을 창조하셨다. 모든 피조물은 결국 신의 입에서 나온 말씀이라는 것이다. 하지만 사물은 목소리가 없기에 그 말씀을 발화할 수가 없다. 침묵하는 사물에 목소리를 주기 위해 탄생한 것이 인간의 언어. 신은 아담을 자신이 창조한 피조물들로 이끄시고, 아담이 일컫는 바가 곧 사물의 이름이 되게 하셨다. 아담의 언어는 명명하는 언어다. 물론 아담이 사물에 이름을 제멋대로 붙인 것은 아니다. 그는 사물 속에 내재된 하나님의 말씀을 보고, 그것을 인간의 목소리로 충실히 옮겼다.

말씀이 들어 있기에 그 시절엔 사물도 인간과 소통을 할 수 있었다. 그때만 해도 인간과 사물은 '너와 나'(1인칭-2인칭)의 관계를 맺었다. 하지만 곧 타락의 역사가 시작된다. 타락한 인간들은 '아담의 언어'를 버리고 '바벨의 언어'를 사용하게 된다. 바벨의 언어 속에서 인간과 사물은 '나와 그것'(1인칭-3인칭)의 관계 속으로 들어간다. 사물은 더 이상 '대화의 상대'가 아니라, 한갓 '조작의 대상'으로 전락한다. 이 보편적 타락의 상태에서 다시 아담의 언어를 회복해 사물을 구원하는 것. 그것이 곧 신의 창조사역을 돕는 일이란다.

'비평Kritik'은 '위기Krise'의 산물이다. 둘은 동일한 어원에서, 즉 '가르다, 나누다'라는 뜻을 가진 그리스어 'kritein'에서 유래한다. '구제'로서의 비평은 위기의 시대에 사물을 구원해야 한다. 가령 언젠가 새만금 개펄이 매립의 위기에 처했을 때, 수경 스님은 이렇게 말했다. "나는 새만금에 사는 억조창생을 대변해 말을 하고 있다.” 타락의 언어, 바벨의 언어가 자연을 그저 ‘자원의 보고’로 바라본다면, 구원의 언어, 아담의 언어는 이렇게 목소리 없는 피조물들에게 인간의 목소리를 부여해 그들이 자신을 주장할 수 있게 해준다.

‘구제비평’에서 초월적, 신학적 계기를 걷어내자. ‘결코 쓰이지 않는 것을 읽는다’는 것이 무엇을 의미할까? 사실 우리는 마치 문헌을 읽듯이 사물을 읽어낼 수가 있다. 가령 고고학자들은 발굴된 유물을 읽음으로써 아직 문자가 없었던 선사시대의 문화를 재구성하지 않던가. 하지만 고고학의 일상에 속하는 이 작업에는 ‘구제’의 의미가 빠져 있다. 물론 유물을 읽는 것 역시 베일에 가려 있던 한 시대를 무지의 어둠에서 구하는 것으로 볼 수도 있다. 하지만 고고학자들이 그로써 유물의 권리를 변호하는 것은 아니지 않은가?

비평으로 사물을 구원하는 예를 아마도 아도르노의 미학에서 볼 수 있을 게다. 널리 알려진 것처럼, 현대예술은 나치에게는 반민족적 ‘퇴폐예술’로 낙인찍혀 탄압을 받았고, 스탈린에게는 반 계급적 퇴폐예술로 간주되어 배척당했다. 심지어 루카치마저도 모더니즘을 몰락기 부르주아의 문화적 퇴행으로 보았다. 대중은 대중대로 현대예술을 비웃었다. 이런 위기에서 아도르노는 비평을 통해 모더니즘 예술을 구제하려 한다. 현대예술은 내용 없는 형식이기에, 그의 비평 작업은 형식을 읽는 것, 즉 사물을 읽는 것이 될 수밖에 없다.

아도르노는 현대예술의 ‘형식’ 속에 말없이 침전되어 있는 메시

지를 읽어낸다. 가령 현대예술이 추한 것은 사회 자체가 추하기 때문이다. 현대회화가 추상으로 치닫는 것은 자본주의사회에서 인간관계가 추상적으로 변했기 때문이며, 그것이 몽타주가 된 것은 현대의 분업체계 속에서 인간노동이 전체성을 잃고 파편화했기 때문이다. 현대음악이 불협화로 가득 찬 것은 현대사회 속의 불화를 반영한다. 현대연극이 부조리해진 것은 사회 자체가 부조리하기 때문이며, 현대시가 무의미해진 것은 사회 속에서 이미 의미가 사라졌기 때문이다.

구제비평이 무조건적 변호를 의미하는 것은 아니다. 비평의 어원이 된 'kritein'은 '가르다, 나누다'라는 뜻이다. 비평이란 어디까지나 작품이나 사물을 언어로 분절화하는 작업이다. 한마디로 그것은 가르고 나누는 불화의 작업이다. 하지만 아도르노에게서 현대예술이 오직 사회와 화해를 거절함으로써만 사회와 진정한 화해에 도달하듯이, 비평은 사물과 작품을 구원하기 위해 외려 그것들을 냉정히 가르고 나누어 해체한다. '구제비평'이라는 표현은 언뜻 형용모순처럼 보이나, 그 안에서 구원이라는 '호의'와 비판이라는 '적의'는 하나로 종합된다.

'문화비평'이라는 이름의 글쓰기는 결국 말 없는 사물을 읽는 작업이다. 그것은 말 없는 사물에 인간의 목소리를 주어 그것들이 스스로 자신을 말함에 이르게 해야 한다. 바벨의 비평은 사물을 제 편의대로 재단하나, 아담의 비평은 사물 속에 들어 있는 언어적 본질을 온전히 읽어낸다. 구제비평은 사물을 명명하던 아담의 작업을 연장하는 일이며, 그로써 신을 도와 신의 창조사역을 완성하는 길이다. 위기의 시대에 세계는 구원을 기다리는 사물들로 가득 차 있다. 예민한 비평가의 귀에는 사물들의 그 소리 없는 구원의 요청이 들릴 것이다.

'문화비평'이라는 이름의 글쓰기는
결국 말 없는 사물을 읽는 작업이다.
그것은 말없는 사물에 인간의 목소리를 주어
그것들이 스스로 자신을 말함에 이르게 해야 한다.

진중권의 철학 매뉴얼
아이콘



1판 1쇄 발행 2011년 9월 9일
1판 5쇄 발행 2013년 10월 17일

지은이 진중권
펴낸이 이기섭
편집인 김수영
책임편집 전민희
기획편집 김송은 김남희
마케팅 조재성 성기준 정윤성 한성진 정영은
관리 김미란 장혜정

펴낸곳 한겨레출판(주)
등록 2006년 1월 4일 제313-2006-00003호
주소 121-750 서울시 마포구 공덕동 116-25 한겨레신문사 4층
전화 02)6373-6751 팩스 02)6383-1610
대표메일 cine21@hanibook.co.kr

ISBN 978-89-8431-494-8 03100

*책값은 뒤표지에 있습니다.
*파본은 구입하신 서점에서 교환해드립니다.